OFFERT PAR L'AUTEUR

ESSAI SUR LES DÉBUTS

DE LA

TYPOGRAPHIE GRECQUE

A PARIS

(1507-1516)

PAR

H. OMONT

PARIS
1892

ESSAI SUR LES DÉBUTS

DE LA

TYPOGRAPHIE GRECQUE A PARIS

Extrait des *Mémoires de la Société de l'Histoire de Paris et de l'Ile-de-France*, t. XVIII (1891).

ESSAI SUR LES DÉBUTS

DE LA

TYPOGRAPHIE GRECQUE A PARIS

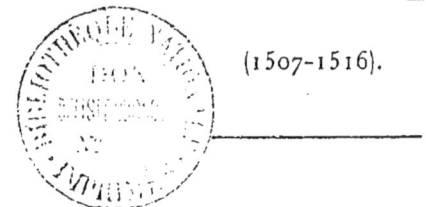

(1507-1516).

L'introduction de la typographie grecque en France et à Paris ne remonte pas plus haut que les premières années du xvi⁰ siècle. Le premier livre grec imprimé à Paris, le *Liber gnomagyricus* de François Tissard, d'Amboise, a été publié au mois d'août 1507 par les soins de l'imprimeur Gilles de Gourmont, qui demeurait rue Saint-Jean-de-Latran, près du collège de Cambrai[1].

Il y avait plus de trente ans que le premier livre grec imprimé, la *Grammaire* de Constantin Lascaris, avait paru à Milan, en 1476, et Alde Manuce avait déjà donné à Venise, de 1495 à 1505, la plupart de ses admirables éditions des principaux auteurs de l'antiquité. Ce n'est point cependant qu'avant 1507 on ne puisse constater quelques essais de typographie grecque. De même qu'en Italie, dès 1465, l'édition de Lactance de Subiaco, en France, dès 1494[2], en Allemagne, dès 1501[3], plusieurs livres contiennent des

---

1. On peut consulter sur les débuts de la typographie grecque à Paris : Chevillier, *l'Origine de l'imprimerie de Paris* (Paris, 1694, in-4°), p. 246 et suiv.; Greswell, *A View of the early parisian greek Press* (Oxford, 1833, 2 vol. in-8°), t. I, p. 15 et suiv.; Rebitté, *Guillaume Budé* (Paris, 1846, in-8°), p. 36 et suiv.; et surtout Bernard (Aug.), *Les Estienne et les types grecs de François Iᵉʳ* (Paris, 1856, in-8°), p. 61 et suiv.

2. Voy. A. Bernard, *op. cit.*, p. 58-61.

3. Voy. Panzer, *Annales typographici*, t. VI, p. 493. Le premier livre grec imprimé en pays de langue allemande est le *Nouveau Testament* grec publié par Érasme à Bâle, en 1516.

passages entiers en grec; il suffit de rappeler les titres du Dictionnaire, ou *Cornucopiæ*, de Niccolò Perotti, publié à Paris par Gering et Rembolt, et du Priscien, imprimé à Erfurt par Lupambulus Ganymedes (Wolfgang Schenk).

François Tissard, ou Tissart, à qui revient, conjointement avec l'imprimeur Gilles de Gourmont[1], l'honneur d'avoir le premier introduit la typographie grecque en France et à Paris, appartenait à une ancienne famille d'Amboise, dont les membres avaient rempli plusieurs des charges municipales de leur ville natale pendant le cours du xve siècle[2]. La date de sa naissance est inconnue, et c'est dans les préfaces de ses éditions qu'il faut aller chercher les quelques renseignements qui peuvent servir à reconstituer imparfaitement la biographie de François Tissard. De bonne heure, il vint à Paris suivre les leçons des maîtres de la faculté des arts, puis on le trouve étudiant le droit civil et canon à Orléans, qu'il quitte bientôt pour l'Italie. Là, il est successivement l'élève, à Ferrare de Guarino Veronese, à Bologne de Filippo Beroaldo, à Padoue de Giovanni Calfurnio, et il reçoit les premières leçons de grec de Demetrius de Sparte.

Pendant trois ans, il se livre à l'étude du droit canon et civil, à Ferrare d'abord, d'où il est chassé par la peste, puis à Bologne, où il reçoit enfin le grade de docteur, le 19 mars 1507 (n. st.)[3].

---

1. Voy., sur les Gourmont, A. Bernard, *op. cit.*, p. 62-63, note.
2. Voy. l'*Inventaire analytique des archives communales d'Amboise* (1421-1789), par l'abbé C. Chevalier (Tours, 1874, in-8°), p. 1, 196, 201, 250; cf. Chalmel, *Histoire de Touraine*, t. IV, p. 475. — Un fils ou neveu de Tissard, portant aussi le prénom de François, fut plus tard secrétaire du roi, de 1543 à 1552. Cf. Abr. Tessereau, *Histoire chronologique de la Grande Chancellerie de France* (Paris, 1710, in-fol.), t. I, p. 104 et 117.
3. Nous devons à la parfaite obligeance de M. L. Frati, bibliothécaire de l'université de Bologne, de pouvoir donner les textes suivants, tirés des *Acta collegii juris pont. et caes., a die 23. jan. 1501. ad diem 7. junii 1536.* (R. Archivio di Stato in Bologna), et qui constatent la réception de François Tissard comme docteur en droit civil et canon :

« *Die Martis XVII[a] Martii 1506.*

(P. 125.) « Convocato et congregato dicto Collegio in Camera furni pallatii magnificorum dominorum antianorum, loco, etc.; in qua quidem congregatione interfuerunt et intervenerunt D. Bartholomeus Bologninus, prior dicti Collegii, D. Ludovicus de Salla et D. Johannes Gaspar de Salla, D. Amadasius de Ghisileriis, D. Ludovicus Bologninus, D. Ludovicus de Calcina, D. Antonius Maria de Salla, omnes doctores corporati ipsius Collegii ; ac etiam

ESSAI SUR LES DÉBUTS

DE LA

TYPOGRAPHIE GRECQUE

A PARIS

(1507-1516)

PAR

H. OMONT

PARIS
1892

A Bologne, Tissard avait mené de front l'étude du droit et de la langue grecque; il y suivit sans doute les leçons de Gioviano Gre-

---

interfuerunt et intervenerunt : D. Laurentius de Campezio, D. Alexander de Paleotis, D. Camillus de Dulfis et D. Augustinus, supernumerarii, etc., omnes represtatantes (sic), etc. Coram eis comparuit D. Franciscus, filius Johannis... de Francia, scolaris studentis in jure canonico. Et porrecta supplicatione supplicavit istum dispensari quod admitti possit ad examen juris canonici, non obstante quod non legerit, neque repetierit, neque audiverit Decretum per integrum annum. Item, super chirotecis, etc. Item, quod una et eadem die possit subire utrumque examen, videlicet juris canonici et juris civilis. Item, super collatione, etc. Qua supplicatione lecta per me notarium infrascriptum, audientibus et intelligentibus prefatis doctoribus, prefatus D. Prior posuit partitum, videlicet qui, quibus placet quod dictus D. Franciscus super predictis dispensetur, ponant fabam albam, quibus idem non, ponant nigram; et datis et collectis fabis per me notarium infrascriptum, et, eis visis, omnes fuerunt albae, et sic dictum partitum fuit solemniter obtentum. Et sic idem D. Prior pronuntiavit.

« D. Jeronymus de Sancto Petro, promotor de piside. »

« Die Jovis decimo nono Martii 1506.

(P. 126.) « Convocato et congregato dicto Collegio in sacristia parva ecclesie cathedralis Bononie, loco solito et consueto, etc.; in qua quidem congregatione interfuerunt et intervenerunt : D. Bartholomeus de Bologninis, prior dicti Collegii, D. Ludovicus et D. Johannes Gaspar de Salla, D. Amadasius de Ghisileriis, D. Ludovicus de Bologninis, D. Ludovicus de Calcina, D. Antonius Maria de Salla, D. Johannes de Campezio, omnes doctores corporati ipsius Collegii; ac etiam interfuerunt et intervenerunt : Domini Alexander Paleotus, D. Camillus de Dulfis et D. Augustinus Bero, supranumerarii, etc., omnes represtatantes, etc., et in ipso Collegio assistentes. Eximio Il. doct. D. Jacobo a Bove, vicario, et ut, et tamquam vicario excellentissimi D. archidiaconi Bononiensis, fuit presentatus per D. Ludovicum de Salla, D. Jeronymum de Sancto Petro et D. Johannem de Campezio prefatus D. Franciscus de Francia, examinandus et postea approbandus in jure canonico, et demum per ipsum D. Vicarium doctorandus in ipso jure. Et examinatus fuit ita et taliter quod fuit approbatus, unde habuit quinque approbationes et duas repprobationes. Qui D. Vicarius, auditis predictis, eum consensu dictorum patrum pronuntiavit et declaravit ipsum D. Franciscum fuisse et esse, nemine discrepante, approbatum. Et attenta et approbatione facta per D. doctorem Collegii juris civilis, tunc ibidem congregatis et attentis omnibus aliis, et pronuntiavit, declaravit, constituit, creavit et fecit ipsum D. Franciscum doctorem in utraque censura, videlicet juris canonici et civilis, ad laudem Dei. Amen.

« Et cui D. Francisco prefatus D. Johannes, suo et aliorum promotorum nomine, dedit insigna in jure canonico, etc. Qui D. Franciscus in manibus prefati D. Prioris juravit non esse contra Collegium neque doctores ipsius Collegii, nisi suam vel suorum injuriam prosequendo. »

Il faut rapprocher de ces textes deux autres mentions relatives à la même colino et devint l'ami et l'élève de Gian Battista Pio. A la fin des *Adnotationes linguæ latinæ græcæque* de ce dernier (Bologne, 1505 [1506]), on trouve en effet une épigramme grecque de Tissard en l'honneur de Pio[1]. C'est également à Bologne, et à la veille de son retour en France, le 1er avril 1507, qu'il dédia à François, duc de Valois et comte d'Angoulême, plus tard François Ier[2], après les avoir selon toute vraisemblance traduites sur le texte de Jean Lascaris, les trois premières des quatre tragédies d'Euripide, publiées dans l'édition donnée par ce savant[3].

Tissard rentrait bientôt en France, plein d'enthousiasme pour l'enseignement des universités italiennes qu'il venait de fréquenter, plein de zèle aussi pour la diffusion des lettres grecques, dont Georges Hermonyme de Sparte, le premier maître de grec de Guillaume Budé, avait été impuissant, quelques années auparavant, à inspirer ou à développer le goût en France[4]. Émerveillé par les

---

réception de Tissard et qui ont été publiées par M. C. Malagola (*Della vita e delle opere di Antonio Urceo detto Codro*. Bologna, 1878, in-8°, p. 103-104), d'après le *Primus liber secretus juris pont. ab anno 1377. ad annum 1528.* (fol. 183) :

« Die Martis que fuit dies xvii Marcij fuit dispensatum cum Domino Francisco de Tissardis de Anboes de Francia super obstantibus generalibus et super collatione quia fuit valde parcus, et obtinuit, nemine discrepante, quod posset se doctorari die Jovis proxima.

« Die Jovis que fuit xviiii Martij prefatus Dominus Franciscus fuit examinatus et habuit duas reprobatorias et quinque aprobatorias, tamen postea Collegium dispensavit viva voce quod diceretur nemine discrepante. Promotores [fuerunt] Dominus Jo. Campegius, qui eum insignivit, et Dominus Ludovicus Bologninus. »

1. Cette épigramme est reproduite par M. C. Malagola, *op. cit.*, p. 104.
2. Tissard devait mettre ses premières éditions sous le patronage de plusieurs grands personnages; son *Liber gnomagyricus*, la *Batrachomyomachie* d'Homère et la *Grammaire* de Chrysoloras sont tous trois dédiés à un favori de Louis XII, le cardinal de Longueville, Jean d'Orléans, archevêque de Toulouse, évêque d'Orléans, abbé du Bec; né en 1484, le cardinal de Longueville était fils de François, comte de Dunois, duc de Longueville, et d'Agnès de Savoie, sœur de Charlotte, femme de Louis XI. L'édition d'Hésiode est dédiée à un secrétaire du roi, Jean Morelet; enfin, la *Grammaire hébraïque* à François, duc de Valois, plus tard François Ier.
3. Florence, L. F. de Alopa, s. d., in-4°. — On trouvera, à la fin de l'Appendice, le texte de la dédicace mise par Tissard en tête de sa traduction manuscrite d'Euripide, aujourd'hui conservée à la Bibliothèque nationale (ms. latin 7884). Il faut corriger en 1507 la date 1508 imprimée p. 64 et 72.
4. Voy. les *Mémoires de la Société de l'Histoire de Paris* (1885), t. XII, p. 65-98.

progrès qu'avait réalisés la typographie grecque en Italie, et surtout à Venise sous l'impulsion d'Alde Manuce, Tissard projetait de ne pas laisser plus longtemps sa patrie tributaire de l'Italie pour les livres grecs, et, dès le 12 août 1507, Gilles de Gourmont achevait l'impression de son *Liber gnomagyricus*.

Le titre de ce petit livre (γνώμων ἄγυρις, collection de sentences) est seul, à vrai dire, l'œuvre de Tissard, qui a emprunté, il ne semble pas qu'on en ait encore fait la remarque, les différents textes qui composent ce petit volume à une édition des *Églogues* de Théocrite et autres opuscules, donnée par Alde Manuce plus de dix ans auparavant[1]. Le *Liber gnomagyricus* en effet comprend exclusivement la reproduction, dans l'ordre même de l'édition d'Alde, de six des opuscules imprimés à la suite des *Églogues* de Théocrite. La comparaison des titres des deux éditions d'Alde et de Tissard permet aisément de le constater :

Tissard.	Alde.
In hoc volumine contenta.	Hæc insunt in hoc libro.
Alphabetum graecum.	Theocriti Eclogæ triginta.
Regulae pronunciandi graecum.	Genus Theocriti & de inuentione bucolicorum.
	Catonis Romani sententiæ paræneticæ distichi.
Sententiae septem sapientum.	Sententiæ septem sapientum.
Opusculum de inuidia.	De Inuidia.
	Theognidis megarensis siculi sententiæ elegiacæ.
	Sententiæ monostichi per Capita ex uariis poetis.
Aurea carmina pythagoræ.	Aurea Carmina Pythagoræ.
Phocylidae pœma admonitorium.	Phocylidæ Poema admonitorium.
Carmina sibyllae erythæae de iudicio xpi venturo.	Carmina Sibyllæ erythræae de Christo Jesu domino nostro.
Differentiae vocum succinta traditio.	Differentia vocis.
	Hesiodi Theogonia.
	Eiusdem scutum Herculis.
	Eiusdem georgicon libri duo.

---

1. Venise, février 1495 (1496, n. st.), in-fol.

Deux mois après la publication du *Liber gnomagyricus*, Tissard empruntait à cette même édition aldine le dernier des opuscules qu'on y trouve imprimés, le texte des *Travaux et Jours* d'Hésiode. Enfin, les *Églogues* de Théocrite, qui forment le début de cette collection, ont peut-être fourni à Tissard la matière d'un troisième volume, qu'il aurait publié dans les premiers mois de l'année 1508. On ne connaît jusqu'aujourd'hui aucun exemplaire de cette édition de Théocrite, avec laquelle on a confondu celle de 1513 ; son existence cependant pourrait encore être confirmée par un passage d'une lettre de G. Aleandro à Alde Manuce, du 23 juillet 1508, si les termes de cette lettre étaient plus précis[1]. En tout cas, on n'a pas cru devoir la comprendre dans la liste des premières éditions grecques parisiennes.

Cette même année 1507, Tissard faisait encore imprimer la *Batrachomyomachie* d'Homère et la *Grammaire* de Manuel Chrysoloras. Si l'on joint à ces quatre éditions, ou réimpressions, les quelques règles grecques insérées dans sa *Grammaire hébraïque*, qui parut à un an de là, le 29 janvier 1508 (1509, n. st.), on a l'ensemble des publications grecques de François Tissard[2], dont le nom disparaît à partir de cette date dans les annales de la typographie grecque parisienne et est remplacé par celui de Jérome Aléandre.

Jérome Aléandre (Girolamo Aleandro), né en 1480, à la Motta, petite ville de la province de Trévise, élève de Scipion Carteromachos et de Marc Musurus pour la langue grecque, lié d'amitié avec Alde Manuce et Érasme, était arrivé en France, déjà célèbre, au mois de juillet 1508[3]. Aussitôt, il entrait en relations avec Guillaume Budé et Lefèvre d'Étaples et commençait à donner des leçons de grec, pour lesquelles, négligeant les livres que Tissard

---

1. Voy. plus loin, p. 69 : « L'e vero che in questa terra hanno stampito l'*Erotemati* di Chrysolora... et Theocrito ; le letre in men sono facte qui et ancora che jo non le habia viste, tamen credo che non siano ne belle ne bone. »

2. C'est par suite de l'interprétation erronée d'un passage de la dédicace de la *Grammaire hébraïque* que le P. Lelong (*Bibliotheca sacra*, t. I, p. 1) attribue à François Tissard le premier projet d'une Bible polyglotte.

3. Il suffit de rappeler ici qu'Aléandre allait bientôt devenir bibliothécaire de la Vaticane et qu'il devait mourir cardinal en 1542. — M. E. Jovy annonce une étude sur l'enseignement d'Aléandre à Paris et à Orléans ; ce travail ne manquera pas de jeter une vive lumière sur les premiers temps de la renaissance des études grecques en France.

venait de publier, il s'approvisionnait à Venise de plusieurs exemplaires des éditions données par Alde de la *Grammaire* de Constantin Lascaris, du *Dictionnaire* de Craston, du Lucien de 1503 (1504)[1], etc.

Cependant, les caractères grecs de Gilles de Gourmont, bien qu'ils ne pussent rivaliser avec ceux d'Alde Manuce, ne devaient pas rester longtemps sans emploi. Dès le 30 avril 1509, Aléandre faisait imprimer chez Gilles de Gourmont, sur le modèle des publications antérieures de Tissard, quelques opuscules de Plutarque, puis d'Isocrate et de Lucien, dont il devait expliquer le texte dans ses leçons.

Après une année ou deux d'intervalle, sollicité sans doute par l'imprimeur, Aléandre entreprit, avec l'aide de sept de ses élèves[2], une réédition du *Dictionnaire* de Craston, publié par Alde, en 1497, et, au cours de l'impression de ce gros volume, qui devait durer pendant toute l'année 1512, Aléandre obtenait enfin de Gourmont la réalisation d'un progrès longtemps réclamé, la fonte de nouvelles lettres grecques munies de leurs esprits et accents. Jusque-là en effet les esprits et les accents avaient été indépendants des lettres sur lesquelles ils étaient placés ; il en résultait un double inconvénient : un espacement disgracieux des lignes et surtout un déplacement fréquent des esprits et accents, déjà trop écartés des lettres et qui souvent ne tombaient plus sur celle que chacun d'eux devait affecter[3].

La première et la seconde partie du *Lexique* sont imprimées avec les anciens caractères grecs auxquels les accents sont ajoutés en interlignes ; les troisième et quatrième parties sont au contraire composées avec les nouveaux caractères munis de leurs accents. Ce volume parut seulement le 13 décembre 1512 ; mais les nouveaux caractères avaient déjà servi quelques mois auparavant à l'impression d'une nouvelle édition de la *Grammaire* de Chryso-

---

1. Voy. la lettre déjà citée d'Aléandre à Alde Manuce, imprimée plus loin, p. 69.

2. Leurs noms sont énumérés dans la préface reproduite plus loin, p. 59.

3. Tout ceci est rappelé en détail par Aléandre dans la préface de son édition du *Lexique*, imprimée plus loin, p. 59-60. — Les éditions dans lesquelles les accents sont indépendants des lettres sont décrites dans la liste suivante sous les n°⁵ I à X, XIII (en partie), XVI et XVII ; celles dans lesquelles les accents sont fondus avec les lettres portent les n°⁵ XI à XV et XVIII à XXV.

I.

Accents indépendants des lettres.

ΗΣΊΟΔΟΣ.

Καὶ κεραμεὺς κεραμεῖ κοτέει, καὶ τέκτονι τέκτων,

Καὶ πτωχὸς πτωχῷ φθονέει, καὶ ἀοιδὸς ἀοιδῷ.

ΘΕΌΦΡΑΣΤΟΣ εἶπε, τοὺς μοχθηροὺς τῶν ἀνθρώπων οὐχ οὕτως ἥδεσθαι ἐστὶ ἐπὶ τοῖς ἰδίοις ἀγαθοῖς, ὡς ἐπὶ τοῖς ἀλλοτρίοις κακοῖς.

ΠΛΆΤΩΝ, ἀγαθὸς ἦν, ἀγαθῷ δὲ οὐδεὶς οὐδενὸς οὐδέποτε γίνεται φθόνος.

Τοῦ πολομεῖν, χεῖρον ἐστὶ τὸ βασκαίνειν.

ὁ μὲν γὰρ πολεμῶν τῆς αἰτίας λυθείσης δι' ἣν ὁ πόλεμος, καὶ τὴν ἔχθραν κατέλυσεν, ὁ δὲ βάσκανος οὐδέποτε ἂν γένοιτο φίλος, καὶ ὁ μὲν φανερὰν τὴν μάχην ἐπιδείκνυται, ὁ δὲ συνεσκιασμένην, καὶ ὁ μὲν αἰτίαν ἔχει πολλάκις εἰπεῖν εὔλογον τοῦ πολέμου, ὁ δὲ οὐδὲν ἕτερον, ἢ μανίαν καὶ γνώμην σατανικήν.

II.
Accents fondus avec les lettres.

ΘΕΌΓΝΙΔΟΣ ΜΕΓΑΡΈΩΣ ΣΙΚΕΛΙΏ-
ΤΟΥ ΓΝῶΜΑΙ ἘΛΕΓΕΙΑΚΑΊ.

Ἄνα Λητοῦσ υἱὲ Διὸσ τέκοσ, οὔποτε
σεῖο
Ὦ   Λήσομαι ἀρχόμενοσ, οὐδ᾽ ἀποπαυό
μενοσ.
Ἀλλ᾽ αἰεὶ πρῶτόν τε καὶ ὕσατορ ἔν τε μέσοισιρ
Ἀείσω. σὺ δέ μευ κλῦθι καὶ ἐσθλὰ δίδου.
Φοῖβε ἄναξ ὅτε μέρ σε θεὰ τέκε πότνια Λητώ,
Φοίνικοσ ῥα δινῆσ χεροὶ ῥὲ Φαψαμίνη,
Ἀθανάτωρ κάλλισορ ἐπὶ τροχοειδεῖ λίμνη,
Πᾶσα μὲρ ἐπλήσθη Δῆλοσ ἀπειρεσίη
Ὀδμῆσ ἀμβροσίησ, ἐγέλασε Δὲ γαῖα πελώρη,
Γήθησερ Δ᾽ ἐ βαθὺσ πόντοσ ἁλὸσ πολιῆσ.
Ἄρτεμι θηροφόνη θύγατερ Διὸσ ἢρ ἀγαμέμνωρ
Εἴσαθ᾽ ὅτ᾽ ἐσ τροίην ἔπλεεν νυσὶ θοαῖσ.
Εὐχομένῳ μοι κλῦθι. κακὰσ δ᾽ ἀπὸ κῆρασ ἄλαλκε.
Σοὶ μὲρ τοῦτο θεὰ σμικρόρ, ἐμοὶ Δὲ μέγα.
Μοῦσαι καὶ χάριτεσ κοῦραι Διόσ, αἴποτε κάδμου
Ἐσ γάμορ ἐλθῦσαι καλὸσ ἀείσατ᾽ ἔποσ.
Ὅττι καλὸρ φίλορ ἐσί, τὸ Δ᾽ οὐ καλὸρ οὐ φίλορ ἐσί.
Τοῦ τ᾽ ἔποσ ἀθανάτωρ ἦλθε Διὰ σομάτωρ.
Κύρνε σοφιζομένῳ μὲρ ἐμοὶ σφρηγίσ ἐπικείσθω,
Τοῖσ Δ᾽ ἔπεσι. λήσει Δ᾽ οὔποτε κλεπτομένη.

a. III.

Marques typographiques de l'imprimeur parisien Gilles de Gourmont.
Première et Seconde

loras, surveillée, pendant la maladie d'Aléandre, par un de ses élèves, François Vatable, qui allait devenir l'un des hébraïsants les plus fameux du xvi° siècle, et aussi à donner, sous le titre de *Gnomologia*, une nouvelle édition, un peu modifiée par Aléandre, du *Liber gnomagyricus* de Tissard.

A partir de l'année 1512, la typographie grecque parisienne entre dans une nouvelle phase, et le perfectionnement apporté par Gourmont à ses caractères grecs peut servir à fixer la date de plusieurs petits livrets sortis de ses presses sans aucune mention d'année. Mais il est nécessaire de joindre à cet élément de date une autre règle tirée de la marque typographique mise par Gourmont au titre ou à la fin des livres qu'il a imprimés. Cette première marque typographique s'était altérée par l'usage, et, précisément à partir de l'année 1512, on peut constater une cassure du premier *o* du nom de *Gilles de gourmont*. Gilles de Gourmont l'employa cependant quelques années encore, de plus en plus usée, jusqu'en 1515 ou 1516, date à laquelle il fit graver une nouvelle marque, qui parut sur ses impressions postérieures[1].

Ces quelques remarques aident à fixer à peu près la date de plusieurs éditions grecques, dont l'année de publication n'a point été marquée. C'est ainsi que l'*Alphabet hébreu et grec* (n° IX), rapporté à l'année 1514[2], paraît avoir été imprimé plutôt en 1510; les accents, dans ce petit livret, sont indépendants des lettres, tandis que, dans une seconde édition du même *Alphabet* (n° XX), les accents sont fondus avec les lettres. Cette seconde édition porte la première marque de Gourmont, avec le premier *o* cassé, ce qui permet de fixer sa date aux environs de l'année 1515; il est peu vraisemblable que, à une année de distance, il ait été publié deux éditions de ce même *Alphabet*, aussi peut-on admettre qu'il faut voir, dans la présence des armes d'Angleterre, sur la première édition, et dans la dédicace à une reine, non point une allusion à Marie d'Angleterre, femme de Louis XII (1514), mais plutôt à Catherine d'Aragon, femme de Henri VIII, qui venait

---

1. La première marque de Gilles de Gourmont avec le premier *o* cassé se rencontre dans les éditions décrites plus loin, sous les n°⁵ XIII, XVI à XX; la seconde marque figure sur les n°⁵ XXII à XXV. — Sur l'une et l'autre de ces marques figurent les armes de Gourmont : « D'argent, à la fasce de gueules, chargée de trois roses d'or, accompagnée d'un croissant de sable en pointe. »

2. Voy. A. Bernard, *op. cit.*, p. 68-69.

de monter sur le trône avec son mari, le 22 avril 1509, et rapporter l'impression de ce petit livret à l'année 1509 ou 1510.

Il en est de même de la première édition parisienne de la *Grammaire* de Théodore Gaza (n° XVI), qui porte également la première marque de Gourmont avec le premier o cassé, et dans laquelle les accents sont indépendants des lettres. Elle doit être séparée de deux autres éditions de la même *Grammaire* (n°ˢ XXII et XXIII), qui portent la seconde marque de Gourmont, et dans lesquelles les accents sont fondus avec les lettres ; la date de cette première édition doit donc être reculée au moins à l'année 1512.

Des observations analogues permettent de fixer à l'année 1513 l'édition des *Idylles* de Théocrite, donnée par Descousu, qui devait bientôt devenir un jurisconsulte célèbre, et à une date voisine les *Dialogues* de Lucien, publiés par un autre des élèves d'Aléandre, l'Orléanais Charles Brachet. Aléandre, chassé par la peste, avait dans l'intervalle quitté Paris, après avoir été, en 1511, procureur de la nation d'Allemagne, et, en 1512, recteur de l'Université.

Peu après, Gilles de Gourmont imprimait encore un abrégé de grammaire grecque, œuvre d'Aléandre, qu'on ne peut pas compter cependant au nombre des impressions grecques parisiennes, à cause du petit nombre de caractères grecs qui s'y trouvent. Les éditions de cette petite grammaire élémentaire se succédèrent rapidement ; on en trouve au moins trois publiées à Paris, chez Gilles de Gourmont, aux environs de l'année 1516 ; et bientôt elle était plusieurs fois réimprimée à Louvain, puis à Cologne. Il suffira de rappeler les titres des trois éditions de la *Grammaire* d'Aléandre, sorties des presses de Gourmont :

I.

HIERONYMI ALEANDRI ǁ Mottensis tabulæ sanequam vtiles Græcarum Musarum ǁ adyta compendio ingredi cupientibus.

[Seconde marque de Gourmont.]

α Aegidius Gormontius imprimendas curauit ǁ Luteciæ Parisiorum.

(*Au verso :*) Hieronymus Aleander bonarum litterarum in vrbe lutecia studiosis. S. ǁ α Quemadmodum ij / qui magnum saltum...

Petit in-4°, 4 feuillets non paginés (142 × 98^{mm}). [*Autun*, Grand Séminaire, X. 52 (2).]

II.

ɑ HIERONYMI ALEANDRI MOTTENSIS TA-‖BVLAE SANE QVAM VTILES GRAECA‖RVM MVSARVM ADYTA COMPEN‖DIO INGREDI CVPIENTIBVS.
[Seconde marque de Gourmont.]
ɑ Aegidius Gourmontius imprimendas curauit Luteciae Parisiorum.
(*Au verso :*) Hieronymus aleander bonarum litterarum in vrbe lutecia studiosis. S. ‖ ɑ Quemadmodum ij / qui magnumm saltum...
Petit in-4°, 4 feuillets non paginés (142 × 98^{mm}). [*Mazarine*, 10487 (6).]

III.

HIERONYMI ALEANDRI MOTTENSIS ‖ TABVLAE SANE-QVAM VTILES ‖ GRAECARVM MVSARVM ‖ ADYTA ‖ COMPENDIO IN‖GREDI CVPI‖ENTI‖BVS.
Aegidius Gourmontius imprimendas curauit in cæsareo prelo. ‖ Lutetiae Parisiorum.
[Ce titre est imprimé en travers de la page; il en est de même de la préface d'Aléandre et du texte qui suivent.]
Petit in-4°, 4 feuillets non paginés (110 × 142^{mm}). [*Bibl. nat.*, X. inv. Réserve 680 *bis* (2).]

Le nom d'Aléandre ne figure plus désormais dans les premières productions de la typographie grecque parisienne. Vers 1514, Gilles de Gourmont réimprimait la *Grammaire* d'Urbain Bolzani de Bellune, puis, en 1515 et 1516, la *Grammaire* de Théodore Gaza, d'après les éditions d'Alde Manuce, et, l'année suivante, une seconde édition de la *Grammaire* de Chrysoloras, déjà imprimée par lui et par les soins de Vatable en 1512. Dans l'intervalle, il avait publié le petit poème de Musée, sans doute d'après l'édition de Florence, de 1494; enfin, avant l'année 1517, un nouveau venu, Jacques Musurus de Rhodes, éditait, aussi chez Gilles de Gourmont, les *Sentences des sept Sages*[1].

Les dix premières années de la typographie grecque parisienne sont révolues; il semble inutile, à moins d'entreprendre un travail d'ensemble, de continuer l'énumération des éditions grecques, qui vont successivement paraître encore chez Gilles de Gour-

---

1. Voy. *Bulletin de la Société de l'Histoire de Paris* (1886), t. XIII, p. 108-110.

mont, puis chez Simon de Colines, chez Gérard Morrhe[1], etc., sans marquer aucun progrès réel sur ces premières productions. Pour sortir de cette période initiale de la typographie grecque, il faut attendre l'arrivée des Estienne, qui vont opérer en France dans l'imprimerie la même révolution dont l'Italie, cinquante ans auparavant, a été redevable à Alde Manuce.

---

1. Voy. *Bulletin de la Société de l'Histoire de Paris* (1891), t. XVIII, p. 133-144.

TABLEAU CHRONOLOGIQUE

DES

PREMIÈRES ÉDITIONS GRECQUES PARISIENNES

(1507-1516).

I. Éditions de François Tissard (1507-1509).

I. 1507, 12 août. *Liber gnomagyricus*, éd. François Tissard.
II. — 18 sept. Homère, *Batrachomyomachie*.
III. — 28 oct. Hésiode, *Travaux et Jours*.
IV. — 1er déc. Chrysoloras, *Grammaire*.
V. 1508 [1509], 29 janvier. Tissard, *Grammaire hébraïque*, etc.

II. Éditions de Girolamo Aleandro (1509-1512).

VI. 1509, 30 avril. Plutarque, *Opuscules*.
VII. — mai (?). Isocrate, *Discours à Nicoclès*.
VIII. — — — *Discours à Démonique*.
IX. 1510 (?). *Alphabet hébreu et grec*.
X. 1510 (?). Lucien, *Opuscules*.
XI. 1512, 13 juill. Chrysoloras, *Grammaire*, éd. François Vatable.
XII. — nov. (?). *Gnomologia*, éd. G. Aleandro.
XIII. — 13 déc. *Lexique grec-latin*, éd. G. Aleandro, in-fol.
XIV. — 22 déc. *Sentences des philosophes*, etc., éd. G. Aleandro.
XV. 1512 (?). Plutarque, *Opuscules*.

III. Autres éditions (1512-1517).

XVI.	1512 (?).	Gaza (Th.), *Grammaire*, livre I.
XVII.	1513.	Théocrite, *Idylles*, éd. C.-H. Descousu.
XVIII.	1513 (?).	Lucien, *Dialogues*, éd. Ch. Brachet.
XIX.	1514 (?).	Bolzani (Urbano), *Grammaire*.
XX.	1515 (?).	*Alphabet hébreu et grec*.
XXI.	1515 (?).	Musée, *Héro et Léandre*.
XXII.	1515 (?).	Gaza (Th.), *Grammaire*, livre I.
XXIII.	1516.	— — livres I-IV.
XXIV.	1517 (avant).	*Sentences des sept Sages*, éd. Jacques Musurus.
XXV.	1516 [1517], 5 février.	Chrysoloras, *Grammaire*, 2e éd. de François Vatable.

LISTE
DES PREMIÈRES
ÉDITIONS GRECQUES PARISIENNES
(1507-1516).

I.

Fr. Tissard, *Liber Gnomagyricus* (12 août 1507).

In hoc volumine contenta.
Alphabetum graecum.
Regulae pronunciandi graecum.
Sententiae septem sapientum.
Opusculum de inuidia.
Aurea carmina pythagoræ.
Phocylidae pœma admonitorium.
Carmina sibyllae erythæae de iudicio xp̄i venturo.
Differentiae vocum succinta traditio.

LIBER GNOMAGYRICUS.

α Venales reperiu*n*tur in vico sancti Ioa*n*nis latera-‖*n*e*n*sis e regione camerace*n*sis collegij apud Egidiu*m* ‖ gourmo*n*t diligentissimu*m* & fidelissimu*m* bibliopola*m*.

Fol. 1 v°. Franciscus Tissardus Ambac*a*eus ‖ o*m*nibus beneuolentissimis / studiosissi‖mis / et litterar*um* cu*m* latinar*um* ama*n*‖tissimis / tu*m* gr*a*ecar*um* cupie*n*tissimis. S. ‖ α Nemini dubiu*m* est[1]...

Fol. 4. Sequitur Alphabetum gr*a*ecum.

Fol. 4 v°. Regul*a*e pronu*n*ciandi gr*a*ecum.

Fol. 5. ΑΙ ΤΩΝ ΕΠΤΑ ΣΟΦΩΝ ΓΝΩΜΑΙ. ‖ ΠΕΡΙΑΝΔΡΟΥ ΤΟΥ ‖ ΣΟΦΟΥ[2].

Fol. 13. ΧΡΥΣΑ ΕΠΗ ΤΟΥ ‖ ΠΥΘΑΓΟΡΟΥ.

Fol. 15. ΣΤΙΧΟΙ ΕΙΣ ΤΟΝ ΦΩΚΥΛΙΔΗΝ.

Ὁ φωκυλίδης εὐπρεπῆ ζήσας βίον.

. . . .

Fol. 15 v°. ΦΩΚΥΛΙΔΟΥ ΠΟΙΗΜΑ ‖ ΝΟΥΘΕΤΙΚΟΝ.

Fol. 22 v°. ΣΤΙΧΟΙ ΣΙΒΥΛΛΑΣ ΤΗΣ ΕΡΥΘΡΑΙΑΣ ΠΕΡΙ ‖ ΤΟΥ ΚΥΡΙΟΥ ΗΜΩΝ, ΕΧΟΝΤΕΣ ΑΚΡΟ‖ΣΤΙΧΙΔΑ ΤΗΝΔΕ. ΙΗΣΟΥΣ. ΧΡΙ‖ΣΤΟΣ. ΘΕΟΥ, ΥιΟΣ. ‖ ΣΩΤΗΡ. ‖ ΣΤΑΥ‖ΡΟ‖Σ.

Fol. 23 v°. ΙΗΣΟΥΣ   ΥιΟΣ
           ΧΡΙΣΤΟΣ   ΣΩΤΗΡ
           ΘΕΟΥ   ΣΤΑΥΡΟΣ.

Ταῦτα ἱστορεῖ ὁ Καισαρείας Εὐσέβειοσ
ὁ παμφίλου ἐν τῷ λόγῳ, ὅσ
ἐκλήθη βασιλικὸσ.

ΔΙΑΦΟΡΑ ΦΩΝΗΣ.

Ἐπὶ κύκνου ᾄδειν. Ἐπὶ ἀηδόνοσ τερετίζειν.

. . . .

Fol. 24 v°. α Francisci Tissardi Ambac*a*ei ad clarissi‖mum ac studiosissimu*m* scholasticorum ‖ Parrhisiensiu*m* cœtum Paraclesis. ‖ α Pr*a*estaturus opera*m*[3]...

Fol. 26 v°. α Operoso huic opusculo extremam imposuit ‖ manum Egidius Gourmo*n*tius integerrimus ac fi-‖delissimus / primus duce Francisco Tissardo Amba-‖c*a*eo / gr*a*ecar*um* litterar*um* parrhisijs i*m*pressor. Anno a na‖tiuitate dñi. M. CCCCC. vij. Pridie Idus Aug.

---

1. Les *Préfaces* des différentes éditions qui suivent sont imprimées en *Appendice*, sous le même numéro d'ordre que ces éditions.

2. Les capitales sont accentuées dans ce volume et les suivants.

3. Voyez aussi plus loin le texte de cette *Postface* et des vers qui suivent.

Petit in-4°, 26 feuillets[1] non paginés, de 16 et 17 lignes à la page (148/158 × 95^{mm}); 4 fol. prélim. et signatures α.ι.-ε.ιιι. Accents indépendants des lettres. — [*Bibl. nat.*, X. 273. A. a.; *Mazarine*, 11578 (3); *Sainte-Geneviève*, X. 292 (1).]

II.

Homère, *Batrachomyomachie*, éd. Fr. Tissard (18 septembre 1507).

Franciscus Tissardus Ambacaeus spectatissimo ac || obseruandissimo dño Ioanni aureliano Archi-||episcopo Tholosano / et bonarum litterarum || Studiosissimo. S. || α Cum te studiosum non mediocriter...

Fol. 2 v°. ΟΜΗΡΟΥ ΒΑΤΡΑΧΟΜΥΟΜΑΧΙΑ.

['Α]ρχόμενοσ πρῶτον μουσῶν || χορὸν ἐξ ἑλικῶνοσ.

Fol. 12. Φραγκίσκου Τισσάρδου Ἀμβακαίου Ὕμνοσ || εἰσ Μούσασ, Ἀπόλλωνά τε καὶ Ἀρ-||χιεπίσκοπον Θολωσάνον. || Μουσῶν ἄρχομαι αὐτὸσ Ἀπόλλωνοσ τε Δίοσ τε....... (12 vers.)

TRALLATIO. || Francisci Tissardi Ambacaei Hymnus in Musas / || Apollinemque / et Archiepiscopum Tholosanum [2].

Fol. 12 v°. α Operoso huic opusculo extremam imposuit manum || Egidius Gourmontius integerrimus ac fidelissimus / pri-||mus duce Francisco Tissardo Ambacaeo / graecarum lit-||terarum Parrhisijs impressor. Anno dñi. M. CCCCC. || vij. xiiij. Cal'. Octobres.

Petit in-4°, 12 feuillets non paginés, de 16 lignes à la page (148 × 95^{mm}); signatures α.ι.-γ.ιι. Accents indépendants des lettres. [*Bibl. nat.*, Y (non porté); *Mazarine*, 11578 (4); *Sainte-Geneviève*, X. 292 (3).]

III.

Hésiode, *Travaux et Jours*, éd. Fr. Tissard (28 octobre 1507).

Franciscus Tissardus Ambacaeus Ioanni Moreleto Mu-||saeo serenissimi ac Christianissimi galliarum Re-||gis Secretario meritissimo / & ami-||corum charissimo. S. || α Grauiter et iniquo animo ferrem...

Fol. 2 v°. ΗΣΙΟΔΟΥ ΤΟΥ ΑΣΚΡΑΙΟΥ ΕΡΓΑ || ΚΑΙ ΗΜΕΡΑΙ.

[Μ]ΟΥσαι πιερίηθεν ἀοιδῇσι || κλείουσαι, || .....

Fol. 28. α Operoso huic opusculo extremam imposuit manum || Egidius Gourmontius integerrimus ac fidelissimus pri-||mus duce Francisco Tissardo Ambacaeo / graecarum lit||terarum Parrhisijs impressor. Anno dñi. M. CCCCC. || vij. Quinto Cal'. Nouembres.

---

1. Brunet (*Manuel*, I, 197) lui attribue 14 feuillets (?).
2. Voy. plus loin le texte de ces vers.

20 PREMIÈRES ÉDITIONS GRECQUES PARISIENNES.

Petit in-4°, 28 feuillets non paginés, de 16 et 17 lignes à la page (148/158 × 95ᵐᵐ); signatures A.ι.-G.ιι. Accents indépendants des lettres. [*Bibl. nat.*, X. 98 (2); *Mazarine*, 11578 (5); *Sainte-Geneviève*, X. 292 (4).]

IV.

Chrysoloras, *Grammaire*, éd. Fr. Tissard (1ᵉʳ décembre 1507).

ΕΡΩΤΗΜΑΤΑ ΧΡΥΣΟΛΩΡΑ.

Grammatica Chrysolor*ae*

Fol. 1 v°. Franciscus Tissardus Ambac*ae*us Spectatissimo ac ‖ obseruandissimo dño Ioa*n*ni aureliano Archi‖episcopo Tholosano / et bonar*um* litterarum ‖ Studiosissimo. S. ‖ ɑ Profuturus mea opinio*n*e / ac iudicio...

Fol. 4. ɑ ΕΡΩΤΗΜΑΤΑ ΤΩΥ ‖ ΧΡΥΣΟΛΩΡΑ.

Fol. 81 v°. ɑ Ad Archiepiscopu*m* Tholosanum Fra*n*cisci ‖ Tissardi Ambac*ae*i Epigramma[1].

---

1. Voyez plus loin le texte de ces vers et de ceux qui suivent.

Fol. 82. α Eiusdem Ad dñm Oliuerium Lugdunum ‖ Distichon.
α Charolus Rousseus Ad Lectorem. ‖ Tetrastichon.

Fol. 82 v°. α Operoso huic opusculo extremam imposuit ma-‖num Egidius Gourmontius integerrimus ac fidelissi‖mus / primus duce Francisco Tissardo Ambacaeo / ‖ graecarum litterarum Parrhisijs impressor. Anno dñi ‖ .M.CCCCC.vij. Cal'. Decembr.[1].

Petit in-4°, 82 feuillets non paginés, de 17 lignes à la page (158 × 95^{mm}); signatures a.ij-v.iij. Accents indépendants des lettres. [*Bibl. nat.*, X. 62 A (2); *Arsenal*, B. L. 250; *Mazarine*, 11578 (2); *Sainte-Geneviève*, X. 292 (2).]

V.

Fr. TISSARD, *Grammaire hébraïque* (29 janvier 1508 [1509]).

Ἀγαθὴ καὶ μᾶζα μετ' ἄρτον.

Νόει καὶ τότε πράττε.

---

1. Cette disposition typographique de la souscription a fait supposer l'existence d'une édition de l'année 1500 (Hain, *Repertorium*, II, 109) : « 5017. — — Chrysolore Grammatica, graece. Parisiis, 1500. 4. »

« Venales reperiuntur in vico sancti ‖ Ioannis lateranensis e regione camera-‖censis collegii apud Egidium gourmont ‖ diligentissimum & fidelissimum bibliopolam.

Fol. 1 v°. Franciscus Tissardus Ambacaeus ‖ illustrissimo ac serenissimo principi ‖ domino Francisco Valesio ‖ Valesiorum duci. Et ‖ Angollismorum ‖ Comiti. S. ‖ [S]Epe numero cum mecum Repeterem Il-‖lustrissime[1]...

Fol. 72 v°. « Seqvitvr alphabetvm grecvm. » — *Fol.* 73. « Oratio Dominica, » et autres prières, avec la traduction latine interlinéaire. — *Fol.* 85. « Hippocratis Iusiurandum Pro Medicis. » — *Fol.* 86 v°. Diphthongues. — *Fol.* 87. Règles de prononciation. — *Fol.* 87 v°. « Abbreviationes grece. » — *Fol.* 88. « Erratula... » — *Fol.* 88 v°. « Modus computandi Grecorum. »

Fol. 89 v°. AD dominum Tissardum Ambacaeum Juris ‖ vtrivsque Doctorem, Graecae, Hebraicae, et Latinæ, ‖ trium linguarum callentissimum, Petri Corderij Parrhi-‖sini σχεδιον et expromptuarium δυοδεκαστιχον[2].

Fol. 90. AD Praestantem, ac eximium Decretorum doctorem ‖ Parrhisium Petrum Corderium, cum varia, ac mul-‖tiplici litterarum eruditione, ac doctrina, tum ‖ omnigena et virtutis, et laudis decore ornatissi-‖mum Amœbæum Epigramma.

Fol. 90 v°.   DIALOGVS.
Προθυμοπάτρισ καὶ Φρόνιμοσ. Qui videlicet pro ‖ patria promptus est. et Prudens.

De Iudaeorum ritibus compendium.
Tabula elementorum hebraicorum.
Documenta vt debeant illa elementa proferri, ac ‖ legi. Vt hebraei numeros signant.
Oratio dominica hebraicis characteribus impressa.
Genealogia beatae mariae vna cum alijs plusculis, ‖ eisdem characteribus impressioni mandata.
Iesus nazarenus rex iudaeorum. Latine graece, et ‖ hebraicè.
Grammatica hebraica succincte tradita.
Tabula elementorum graecorum cum diphthongis, et ‖ pronunciandi regulis. et pluribus graecis oratio-‖nibus. Et hyppocratis iusiurando.
Abbreviationes graecae.
Vt græci numeros signant amplissima descriptio.

---

1. Voyez plus loin des extraits de cette préface et du dialogue qui suit.
2. Voyez plus loin le texte de cette pièce de vers et de la suivante.

α Operoso huic opusculo extremam imposuit || manum Egidius Gourmontius integerrimus, || ac fidelissimus, primus duce Francisco Tissardo || Ambac*ae*o, gr*ae*carum, et hebr*ae*arum litterarum || Parrhisijs Impressor. Anno a natiuitate domini || M. CCCCC. VIII. Quarto Calen. Februa.

Petit in-4°, 90 feuillets non paginés, de 20 lignes à la page (148 × 92^{mm}); signatures A.ii-Y.i. Accents indépendants des lettres. [*Bibl. nat.*, X. 98 (1); *Mazarine*, 11577 (2), 11578.]

VI.

PLUTARQUE, *Opuscules*, éd. G. Aleandro (30 avril 1509).

ΤΑ ΤΗι ΒΙΒΛΩι ΠΕΡΙΕΙΛΗΜΜΕΝΑ.

α Πλουτάρχου χαιρωνέωσ, περὶ ἀρετῆσ, καὶ κακίασ.
α Τοῦ αὐτοῦ, περὶ τύχησ.
α Τοῦ αὐτοῦ, πῶσ δεῖ τὸν νέον ποιημάτων ἀκούειν.

QVAE HOC LIBRO COMPREHENSA SINT.

α Plutarchi Chærónei, de virtute, & vitio.
α Eiusdem, de Fortuna.
α Eiusdem, que*m*admodum oporteat Adulescen||tem poemata audire.

Ἱερωνύμου Ἀλεάνδρου τοῦ Μωττᾶ
Καὶ τόδε τῶ Μωττᾶ φοιτητὰσ ἀιὲν ἀρῆγεν,
οὐ μόνον ἐν σοφία, ἀλλὰ καὶ ἐν δαπάνα,
Ὄσ γὰρ, ὁποῖα μέλισσα κατ' ἄνθεα, θεῖον ἄωτον,
πλαζομένα, δροσερῶ νέκταροσ ἐκδρέπεται.
Ὡσ βίβλων ἄπο χειροπληθέων, οὐδὲ τυχόντοσ
Δευομένων χρυσῶ, δείγματ' ἀπανθίσατο,
Ἄξι' ἔχεν σφετέρωσ πολέασ περ ἐόντασ ἑταίρωσ
χ' ἑλλαδικᾶσ γλώσσησ πάντασ ὀρεξομένουσ.

Fol. 1 v°. HIERONymus Aleander Mottensis / verae phi||losophi*ae* / in parisino Gymnasio / candidatis. S. || [Q]Vum varias essem linguas...

Fol. 4. ΠΛΟΥΤΑΡΧΟΥ ΧΑΙΡΩ-||ΝΕΩΣ ΠΕΡΙ ΑΡΕ-||ΤΗΣ, ΚΑΙ || ΚΑΚΙΑΣ.

[ ] Τὰ ἱμάτια δοκεῖ...

Fol. 49 v°-5o r°, *blancs.* — *Fol.* 5o v°.

ἀνὴρ ἄρ' ἄνδρα,

Lutetiæ Parisiorum in ædibus Egidi Gour-‖monti. M. D. IX. pridie calen. Maij. virtute ‖ duce & comite fortuna.

Petit in-4°, 5o feuillets non paginés, de 18 lignes à la page (156 × 90^{mm}); 2 fol. prélim. et signatures α.ιι-κ.ιι. Accents indépendants des lettres. [*Mazarine*, 10487 (4), 14331; *Nevers*, 1780 (3)[1].]

VII.

Isocrate, *Discours à Nicoclès* (éd. G. Aleandro. Mai 15o9?).

ΙΣΟΚΡΑΤΟΥΣ ῥήτοροσ, πρὸσ ‖ νικοκλέα, περὶ βασιλεί‖ασ λόγοσ.

---

[1]. Sur la tranche dorée de la reliure en veau gaufré du xvɪᵉ siècle de l'exemplaire n° 14331 de la bibliothèque Mazarine, on lit en lettres gothiques ciselées : « *Magister* ‖ *Franciscus* ‖ *Tissardi.* »

[O]ἱ μὲν εἰωθότεσ ὦ νικόκλεισ, ὑμῖν ‖ τοῖσ βασιλεῦσιν...

Petit in-4°, 16 feuillets non paginés, de 12 à 16 lignes à la page (125/145 × 84ᵐᵐ); signatures Ai.-Δij. Accents indépendants des lettres. [*Mazarine*, 14331 (2); *Nevers*, 1780 (4).]

VIII.

Isocrate, *Discours à Démonique* (éd. G. Aleandro. Mai 1509?).

Ἰσοκράτουσ πρὸσ Δημόνικον ‖ λόγοσ παραινετικόσ.
['Ε]ν πολλοῖσ μὲν ὦ Δημόνικε πολὺ διε‖στώσασ εὑρήσομεν...
Les fol. 15 et 16 sont blancs.

Petit in-4°, 16 feuillets non paginés, de 14 à 16 lignes à la page (135/148 × 84ᵐᵐ); signatures α-δ ij. Accents indépendants des lettres. [*Mazarine*, 14331 (3); *Nevers*, 1780 (5).]

IX.

Alphabet hébreu et grec (1510?).

α ALPHABETVM HEBRAICVM ‖ ET GRAECVM.

    Vt reliquos flores placido rosa vincit odore
    Sic hec arma ferens cunctos excellit honore.

[Armes d'Angleterre, écartelées, entourées de la Jarretière, avec la devise : *Hony soyt qui mal y pense*, la couronne royale, et, au-dessus, la devise : *Dieu et mon droyt*. Les armes d'Angleterre sont cantonnées d'une rose, d'une grenade, d'une fleur de lys et d'une herse avec ses chaînes.]

    O regina rosam promit dum lucifer ortum
    Collige, sic speciem serues atque eius odorem.

Fol. 1 v°.   ALPHABETVM HEBRAICVM.
Fol. 2.   α Libellus græcus.

    Petri Anto. Cagianigi ᾠδή.

    Aere qui græcus cupit esse parvo
    Hunc emat parvum propere libellum,
    Græca nam nostris elementa servat
        Mixta figuris.

    Pauli Carnevali ἑξάστιχον *ad juvenes*.

    Ingenui juvenes, quorum acceptabile virtus
    Delphica vult duplici cingere fronde caput,
    Currite, nam græci refluunt ad nostra liquores
    Flumina, quae mixtis mixta fuere vadis :
    Parva petit, nummos vult, non vult quinque trientes :
        Ut faciat lucri bibliopola parum.

Io. Francisci Cruci ἐνδεκασύλλαβον.

Quisquis graeculus esse vult, et optat
Ferre in pectore græca cum latinis,
Hunc hunc (si sapit) hunc emat libellum.

Fol. 7 v°.   *Antonelli Arcimboldi tetrastichon.*

Currite Phocaici, nunc prata per itala fontes
Currite fœlices, magnus Apollo jubet,
Branda decus Latiæ necnon virtutis amator
Cecropiæ, duplex vult diadema puer.

Fol. 8. ABREVIATIONES GRAECAE. (Gravées sur bois; ce sont les mêmes qui ont servi dans l'*Alphabet*, n° XIX.)

Fol. 8 v°. α Erratula si forte nonnulla Inter legendum offendan-||tur / aut litterarum superantium, aut aliarum vice / posita||rum, aut deficientium / attramento tenaci / et veluti piceo / impressorum incuria / extractarum. Lectores velim exo-||ratos aequo animo ferant, haud mihi quicquam horum ascri-||bentes. Reliqua vero / si quidem superflua, benevole ex-||pugnant. Que vero deesse videbuntur haud indignan-||ter addant / ac suppleant.

Petit in-4°, 8 feuillets non paginés, de 22 et 25 lignes à la page (170/150 × 90^{mm}); signatures A.i.-A.iij. Accents indépendants des lettres. [*Bibl. nat.*, X. 62 A (1).]

X.

Lucien, *Opuscules* (vers 1510).

ΕΝΥΠΝΙΟΝ ΗΤΟΙ ΒΙΟΣ ΛΟΥΚΙΑΝΟΥ ΣΑ-||ΜΟΣΑΤΕΩΣ ΡΗΤΟΡΟΣ.

Αρτι μὲν ἐπεπαύμην εἰσ τὰ διδασκαλεῖα || φοιτῶν,...

Fol. 7. Πρὸσ τὸν εἰπόντα προμηθεὺσ || εἶ ἐν τοῖσ λόγοισ.

Fol. 10. Πρὸσ Νιγρῖνον ἐπιστολή.

Fol. 10 v°. Νιγρῖνοσ, ἢ περὶ φιλοσόφου ἤθουσ.

Fol. 24. ΔΙΚΗ ΦΩΝΗΕΝΤΩΝ.

Fol. 28. ΤΙΜΩΝ Η ΜΙΣΑΝΘΡΩΠΟΣ.

Fol. 48. ΑΛΚΥΩΝ. Η. ΠΕΡΙ ΜΕΤΑΜΟΡΦΩ-||ΣΕΩΣ.

Fol. 51. ΠΡΟΜΗΘΕΥΣ Η ΚΑΥΚΑΣΟΣ.

Les fol. 59-60, blancs (?), manquent.

Petit in-4°, 60 feuillets non paginés, de 19 à 22 lignes à la page (130/152 × 92^{mm}); signatures αι-π.ιί (il n'y a pas de cahier ξ). Accents indépendants des lettres. [*Dresde*, Bibliothèque royale, Lit. græc. B. 1864.]

XI.

Chrysoloras, *Grammaire*, éd. Fr. Vatable (13 juillet 1512).

ΕΡΩΤΗΜΑΤΑ ΤΟΥ ΧΡΥΣΟΛΩΡΑ.

[Marque formée de neuf petits bois posés 3, 3 et 3 ; le second représente la Résurrection ; le troisième, la Visitation ; le cinquième, l'Ange et les Bergers ; le septième, sainte Véronique, etc. Autour de ces neuf bois, disposés en carré, les quatre sentences suivantes :

Ἀνδρὸς δικαίου καρπὸς οὐκ ἀπόλλυται.
Θνητὸς πεφυκὼς μὴ φρονῇς ὑπέρθεα.
Ἄγει τὸ θεῖον τοὺς κακοὺς πρὸς τὴν δίκην
Ξένοις ἐπαρχῶν, τῶν ἴσων τεύξῃ ποτέ.

α Grammatica Chrysolor*ae*.

Fol. 1 v°. α Barptolomæo Auriæ nobiliss. adulescenti, Lucæ Auriæ equitis aurati filio, Franciscus Vatablus S. [Q]vantam præ te feras...

Fol. 2 v°. α ΕΡΩΤΗΜΑΤΑ ΤΟΥ ΧΡΥ‖ΣΟΛΩΡΑ.

Fol. 69 v°. α Ἐτυπώθη ἐν Λευκοτοκίᾳ. Ἔτει ἀπὸ θεογονίας ‖ χιλιοστῷ, πεντακοσιοστῷ, δωδεκάτῳ. Μεταγειτνιῶ-‖νος ἐπὶ δέκα τρίτῃ.

Le fol. 70 *est blanc.*

Petit in-4°, 70 feuillets non paginés, 21 lignes à la page (152 × 90^{mm}); signatures α ii-ρ iiii. Accents fondus avec les lettres. [*Bibl. nat.*, X. + 57 (3).]

XII.

G. Aleandro, *Gnomologia* (novembre (?) 1512).

ΓΝΩΜΟΛΟΓΙΑ. GNOMOLOGIA.

α Index eorum / quæ in hoc volumine / quam Gnomologiam. i. ‖ Moraliu*m* sententiar*um* collectanea merito appelles / comprehenduntu*r*.

α Hieronymi Aleandri / qui librum recognouit / Epistola.

α Theognidis poetæ vetustissimi Elegiaco carmine sententiæ.

α Pythagoræ Carmina aurea.

α Epigrammata duo in Phocylidem / cum eiusdem sanctissimis ‖ heroico carmine præceptis.

α Carmina Sibyllæ Erythrææ nomen Iesu dei filii in primis li-‖teris per se ferentia.

α Diuersorum animalium differentia uocis.

α Catonis / quem pro pueris appellat vulgus / hexametro versu senten-‖ti*æ* in græcum e latino conuers*ae*.

α Variorum poetarum sententiae ordine Alphabetico / cum indice rerum ‖ fronti nuper apposito.

α Epigramma in septem sapientes.

α Eorumdem praeclara dicta.

α Sententiæ in inuidiam.

α Illustrium quorumdam virorum scitu dignissimae sententiæ nunquam ‖ antea impressae.

α Addita sunt fini rudimenta quaedam graeca, cum Dominica Angelica ‖ & aliis quibusdam piis orationibus. Quæ omnia & bonos mo-‖res / & vna graecas literas desiderantibus non parum conducant.

α Venalem inuenias hunc aureum libellum apud Matthæum Bol‖secum Diui Iuonis Brittonum tutellaris numinis signum in vico ‖ Scholarum Decretorum proferentem.

Fol. 1 v°, *blanc*. — *Fol.* 2. Deux épigrammes de Posidippe et Métrodore. (*Anthol. gr.*, IX, 359, 360).

Fol. 2 v°. α Hieronymus Aleander Claudio debrillaco discipulo suo contu-‖bernali genere / ingenio / moribusque nobilissimo. S. P. D. ‖ [I]ɴ omni studiorum genere eos maxime libros...

Fol. 5. ΘΕΟΓΝΙΔΟΣ ΜΕΓΑΡΕΩΣ ΣΙΚΕΛΙΩ-‖ΤΟΥ ΓΝΩΜΑΙ ΕΛΕ-ΓΕΙΑΚΑΙ.

Fol. 64. Registrum huius operis. ‖ αα-πρ.

Le fol. 64 v° *blanc*[1].

Petit in-4°, 64 feuillets non paginés, de 24 lignes à la page (152 × 88^{mm}); signatures α.ιι.-π ιιι. Accents fondus avec les lettres. [*Bibl. nat.*, X. + 57 (4); *Mazarine*, 10487 (3).]

XIII.

G. Aleandro, *Lexique grec-latin* (13 décembre 1512).

Lexicon graecola‖tinum multis et pre‖claris additionibus lo‖cupletatum : quod vel ex indice eorum : ‖ quae in toto volumine comprehendun‖tur : in sequenti pa-‖gina cogno‖scas.

[Première marque de *Gilles de Gourmont*, avec le premier o cassé, ou marque au St. Yves de *Matthieu Bolsec*, et l'une ou l'autre de ces adresses :]

Venalem inuenias hunc vere literarum the-‖saurum apud Aegidium Gourmontium : e ‖ regione Scholarum Cameracensium.

ou : Venalem inuenias hunc vere literarum the-‖saurum apud

---

1. L'exemplaire de la *Gnomologia* conservé à la Bibliothèque Mazarine porte au bas du titre l'ex-libris : « *Sum Petri Aegidij.* »

Matthæum Bolsecum in vico ǁ Decretorum diui Iuonis signum proferentem.

Fol. 1 v°.   ɑ Vniuersi operis elenchus.

ɑ Hieronymi Aleandri epistola liminaris ad illustrissimum adulescentem Volfgangum Comitis palatini Ro. Imp. Electoris : & ducis Bavariæ fratrem.

ɑ Ejusdem Aleandri epistola ad lectores.

ɑ Ejusdem Græcum epigramma, in calumniatorem græcæ linguæ.

ɑ Vocabularium græcum copiosissimum alphabetico ordine, ab. α. adusque. ω. deductum cum latina interpretatione : additis unicuique paginæ et versui, numerorum notis.

ɑ Cyrilli de dictionibus, quæ pro accentus, vel literæ variatione diversi fiunt significati : cum latina interpretatione, secundum ordinem elementorum.

ɑ Ex libris Aristotelis de animalibus Theodoro Gaza interprete selecta abecedario ordine vocabula, quibus græca deinceps subduntur.

ɑ Eadem græca vocabula alphabetica serie cum ejusdem Theodori latina interpretatione.

ɑ Ex libris Theophrasti de stirpibus jux[t]a latinarum literarum ordinem vocabula latina et Græca interprete eodem Theodoro.

ɑ Eadem juxta ordinem græcarum literarum, et ejusdem interpretationem.

ɑ Dictionum nuper additarum sylva satis magna, cum haud sane indignis scitu adnotationibus, quas in antiquum vocabularium Ferrariæ impressum sparsim intrusas, nos, ne in alieno solo ædificaremus, consulto in unum seorsim volumen præposito earum indice redegimus.

ɑ Ammonii Græcus liber de similibus et differentibus dictionibus ordine alphabetico.

ɑ Vetus instructio et denominationes militarium præfectorum.

ɑ Orbicii de nominibus ordinum militarium.

ɑ Quam multiplici sint significato hæ particulæ. η. et. ωσ.

ɑ Index latinus totius vocabularii abecedario ordine digestus, addita subinde græca dictione, et numero magni vocabularii paginis et versibus conformi : Imo verius alterum vocabularium, per quod si velis latina græce, et pleraque etiam multifariam possis dicere.

Fol. 2. *Hieronymus Aleander Mottensis* ǁ Illustrissimo Principi Volfgango inuictissimi Ludouici Comiǁtis Palatini Sacri Roma. Imperii Electoris eius-ǁdemque Ducis Bauariae fratri ǁ S. P. D. ǁ [S]ı quamlibet paruam ǁ omitterem occasionem... (*Fol.* 5 v°, *blanc.*)

Fol. 6. Aleander Lectoribus. S. ǁ [S]Cio plærosque expectaturos :...

Fol. 6 v°. Ἱερωνύμου Ἀλεάνδρου ἐπίγραμμα, ὃ τρίτῳ μηνὶ, ἢ μετουπολύγε συντέθεικεν, ‖ ἀφ' οὗ πρῶτον ἤρξατο εἰς τὰ ἑλληνικὰ διδασκαλεῖα φοιτᾶν. Εἴς τινα οὐ λατῖ-‖νον ἀλλὰ λατινοβάρβαρον, μᾶλλον δὲ αὐτοβάρβαρον τὴν σεμνο-‖τάτην ἑλληνικὴν γλῶσσαν διαβάλλοντα. (6 *distiques.*)

Page 1. *Lexique grec-latin.* [Ἀ]Αγὴσ. εοσ. ὁ. ἡ. infrangi-‖bilis. ‖ ἄαπτοσ. ὁ. ἡ. intangi-‖bilis... — (*Finit, p.* 455, *col.* 1. *Suit un feuillet blanc.*)

Page 458. α Acui dicimus dictionem. quæ acutum vel ‖ grauem tonum in vltima habet... (10 lignes.) — Συναγωγὴ τῶν πρὸσ διάφορον σημα-‖σίαν λέξεων κατὰ στοιχεῖον. ‖ α Collectio dictionum quæ differunt signifi‖catu secundum ordinem litterarum. ‖ []Ἄγων. οντοσ. ὁ. agens, penacuit*ur*. ‖ ...

Les pages 459-460 sont répétées deux fois (les deux premières chiffrées 460 et 459); cette première partie se termine à la page 469 (notée par erreur 467), col. 1 ; suit un feuillet blanc.

Fol. 1. α Vocabula latina & græca secundum latina‖rum literar*um* ordinem, ex libris Aristotelis de a-‖nimalib*us* Theodoro Gaza interp*re*te.

Fol. 9 v°, *col.* 2. α Vocabula græca et latina secundum græca‖rum litterarum ordinem ex libris de anima‖lidus (*sic*) Theodoro gaza interp*re*te.

Fol. 18 v°, *col.* 2. α Vocabula latina & græca secundum latina‖rum litterarum ordinem ex libris de plan-‖tis Theophrasti Theodoro gaza interp*re*te.

Fol. 25 v° (titre sur les 2 col.). α Vocabula græcorum nominum apud Theophrastum secundum litterarum ordinem, cum ‖ latina Theodori interpretatione. (*Fol.* 32 v°, *blanc.*)

Fol. 33. Annotationum, quæ in toto opere in-‖ueniuntur, elenchus.

Fol. 34, *col.* 2. α Cæteras annotationes non fuit nobis otium ‖ adscribere, nec lectori tamquam oscitanti con‖uiuæ, omnia fuerunt propinanda. ‖ (*Finit au fol.* 56 v°, *col.* 1.)

Fol. 1. Ἀμμωνίου περὶ ὁμοίων καὶ διαφόρων‖λέξεων.

Fol. 19. α Τάξισ παλαιὰ, καὶ ὀνομασίαι τῶν ἀρ-‖χόντων.

Fol. 21 v°. α Ὀρβικίου τῶν περὶ τὸ ϛράτευμα ‖ τάξεων.

Ibid., col. 2. Τὰ τοῦ η σημαντικά. — *Fol.* 22. Τὰ τοῦ ωσ σημαντικά. — (*Fol.* 22 v°, *blanc.*)

Répertoire général alphabétique latin-grec du lexique grec-latin, avec renvois aux pages et lignes. (100 feuillets, non paginés, à 3 col.)

Fol. 100. α Præclaro huic & laborioso Operi suprema imposita est manus industria & impendio probi ‖ viri Aegidii Gourmontii : Bibliopolæ Parisiensis Millesimo Quingentesimo duodecimo ad ‖ Eidus Decembres Lutetiæ Parisiorum.

ɑ Quidquid id est quod vobis benigne datur boni consulite Optimi lectores / Et in literis ‖ græcis proficite,

Registrum huius operis. ‖ ɑ a.-z. &. A.-F. aa.-gg. ‖ A. B. Γ. a.-n. Omnes sunt quaterniones praeter Γ. ternionem & ‖ E. &. n. duerniones. ‖ — (*Fol.* 100 v°, *blanc*.)

In-folio, 6 feuillets préliminaires; 469 (471) pages chiffrées, à 2 col.; 34, 22 feuillets, à 2 col., et 100 feuillets à 3 col., non paginés. 30 lignes numérotées entre les colonnes dans la 1re partie; 30 lignes et 29 lignes dans la 2e partie; 40 lignes dans les 3e et 4e parties. (1re partie 208 $\times$ 145^{mm}; 3e partie : 204/208 $\times$ 142^{mm}; 4e partie : 205 $\times$ 155^{mm}.) Signatures (prélim. ã.iiii), a.j-F.iiij; aa.i-gg.iiij; A-Γɩɩɩ; a.i.-n.iii. Première et seconde parties, accents indépendants des lettres; troisième et quatrième parties, fondus avec les lettres. [*Bibl. nat.*, X. inv. Réserve 544; *Arsenal*, B. L. 311 A; *Mazarine*, 35 (incomplet).

XIV.

Sentences des philosophes, etc. [éd. G. Aleandro] (22 décembre 1512).

Ὀνόματα ἀνδρῶν ἐπισήμων, ὧν εἶναι λέγονται αἱ ‖ ἑπόμεναι ἐφεξῆσ γνῶμαι. — (Table alphabétique des noms, sur 3 colonnes.)

Fol. 1 v°. Ἀισχίνου. ‖ [Α]ισχίνησ εἶπε, τὸ περακαθεύδειν...

Fol. 22. Τέλοσ σὺν Θεῷ καὶ μού-‖σαισ τῶν φιλοσόφων ‖ γνωμῶν. — (*Fol.* 22 v°, *blanc*.)

Fol. 23. (Eléments de grammaire grecque.) Literæ græcorum viginti quatuor. — Partes orationis. — Articuli.

Fol. 24 v°. Prières usuelles, en grec. Εὐχὴ κυριακή, etc.

Fol. 26. ɑ Imposita suprema manus huic aureo libro impensis ‖ Matthæi Bolseci Bibliopolae parisiensis Millesi‖mo quingentesimo duodecimo. ‖ vndecimo Calendas ‖ Ianuarias.

ɑ Ordo foliorum. a. b. c. d. e. f.

Fol. 26 v°. Marque au St. Yves de *Matthieu Bolsec*.

Petit in-4°, 26 feuillets non paginés, de 24 lignes à la page (152 $\times$ 88^{mm}); signatures a-f.iii. Accents fondus avec les lettres. [*Bibl. nat.*, X. + 57 (5); *Mazarine*, 10487 (5).]

XV.

Plutarque, *Opuscules* [éd. G. Aleandro] (vers 1512).

Πλουτάρχου πῶς ἄν τις ὑπ' ἐχθρῶν ὠφελοῖτο.
[ὁ] Ρῶ μεν ὅτι τὸν πραότατον ὦ κορνήλιε πυλ‖χερ...
Fol. 9 v°. Περὶ πολυφιλίασ. ‖ [μ.]Ινωνα τὸν θετταλὸν...
Fol. 15. Περὶ δεισιδαιμονίασ. ‖ [τ]ῆς περὶ θεῶν ἀμαθίασ...
Fol. 24 v°. Τέλος.

Petit in-4°, 24 feuillets non paginés, de 23 lignes à la page (148 × 88^{mm}); signatures αα-ζζ.ιιι. Accents fondus avec les lettres. [*Mazarine*, 10487 (6).]

XVI.

Théodore Gaza, *Grammaire*, livre Ier (vers 1512).

ɑ THEODORI INTRODVCTIVAE GRAM-‖MATICES LIBRI QVATVOR.

[Première marque de Gourmont, avec le premier o cassé; entourée de bois tirés en rouge; celui du haut est le même qui forme bandeau en tête du fol. 2; celui de droite est emprunté à un livre d'Heures (Danse des Morts) : « l'escuyer, l'abé, le prevost. » Il n'y a pas de devises grecques autour de la marque.]

ɑ Venales reperiuntur in vico sancti *Ioannis lateranen-*‖*sis e* regione cameracensis collegij apud *Egidium gour-*‖*mont* diligentissimum & fidelissimum Bibliopolam[1].

Fol. 1 v°, *blanc*[2]. — *Fol.* 2 (Bandeau de bois gravé, de 85 millim. de long, au-dessus du titre).

ΘΕΟΔΩΡΟΥ ΓΡΑΜΜΑΤΙΚΗΣ ΕΙΣΑΓΩΓΗΣ ‖ ΤΩΝ ΕΙΣ ΤΕΣΣΑΡΑ ΤΟ ΠΡΩΤΟΝ. ‖ [T]ΩΝ Τεσσάρων καὶ εἴκοσι ‖ γραμμάτων...

Fol. 23. ɑ ΤΕΛΟΣ ΤΟΥ ΠΡΩΤΟΥ.

(Avec la signature *e iij;* suit un dernier feuillet blanc.)

Petit in-4°, 24 feuillets non paginés, de 20 à 24 lignes à la page (152/164 × 88^{mm}); signatures a.ij.-e.iij. Accents indépendants des lettres. [*Bibl. nat.*, X, inv. Réserve 1402; *Nevers*, 1780 (6).]

---

1. Le ɑ et les mots imprimés en italiques sont tirés en rouge.
2. En tête de l'exemplaire de la Bibliothèque nationale, on a écrit, au xvie siècle, une courte biographie de Théodore Gaza.

XVII.

Théocrite, *Idylles*, éd. C.-H. Descousu (1513).

ΘΕΟΚΡΙΤΟΥ ΕΙΔΥΛΛΙΑ ΤΟΥΤ' ΕΣΤΙ ΜΙΚΡΑ || ΠΟΙΗΜΑΤΑ ΤΡΙΑΚΟΝΤΑ.

[Première marque de Gourmont, avec le premier o cassé et la légende, à gauche : Τλήμονεσ οἴτ' ἀγαθῶν ωἐλας (pour πέλας), et à droite : ὄντων οὐκ ἐσορῶσιν.]

α Venales reperiuntur in vico sancti Ioannis la-||teranensis e regione cameracensis collegii apud || Egidium gourmont diligentissimum & fidelissi||mum Bibliopolam.

Fol. 1 v°. Hieronimo Aleandro mottensi Viro trium linguarum doctis||simo graecas Aureliae litteras profitenti, Celsus Hu||go dissutus cauillonus celta. earumdem : || necnon & hebraicarum apud || parrhisios interpres. S. || α Doctrinam & eruditionem tuam admirari solent...

Fol. 2. ΘΕΟΚΡΙΤΟΥ ΘΥΡΣΙΣ Η ΟΔΗ || ΕΙΔΥΛΛΙΟΝ ΠΡΩΤΟΝ. || ΟΥΡΣΙΣ Η ΩΔΗ.

Fol. 62 v°. ΤΩ ΠΑΝΙ. (Simmiæ Rhodii vel Theocriti Syrinx.)

Fol. 63. ΕΙΣ ΝΕΚΡΟΝ ΑΔΩΝΙΝ. (Theocriti idyllium xxx.) — *Le fol. 64 est blanc.*

Petit in-4°, 64 feuillets non paginés, de 23 lignes à la page (158 × 100^{mm}); signatures A.ıı.-I.ııı. Accents indépendants des lettres. [*Nevers*, 1780 (1); *British Museum*, 73. i. 1.]

XVIII.

Lucien, *Dialogues*, éd. Ch. Brachet (vers 1513).

HOC VOLVMINE COMPREHENSA.

α Caroli Bracheti Aurelianensis : Qui librum sub impressoria incude recognouit : & lutecia parisiorum publice interpretatvrus est : liminaris Epistola.

α Luciani Samosatensis / Deorum dialogi / quibus & duo nunc primum additi / qui luxato ordine antea fuerant impressi.

α Eiusdem / Dialogi Marini.

α Eivsdem / Inferni Dialogi.

[Première marque de Gourmont, avec le premier o cassé.]

Fol. 1 v°. α Carolus Brachetus Francisco Deloino Optimo & doctissimo ‖ Juris vtriusq*ue* doctori / & Senatori Parisiensi meritissimo. S. P. D. ‖ α Quod tantis precibus tantisq*ue* votis optaueram...

Fol. 3. ΛΟΥΚΙΑΝΟΥ ΣΑΜΟΣΑΤΕΩΣ ‖ ΘΕΩΝ ΔΙΑΛΟΓΟΙ.

Fol. 29 v°. ΕΝΑΛΙΟΙ ΔΙΑΛΟΓΟΙ.

Fol. 41. ΝΕΚΡΙΚΟΙ ΔΙΑΛΟΓΟΙ.

Le fol. 74 v° *est blanc.*

Petit in-4°, 74 feuillets non paginés, de 22 à 24 lignes à la page (142/158 × 88^{mm}); signatures α.ιι.-υ.ιι. Accents fondus avec les lettres. [*Autun*, Grand Séminaire, X. 52 (1); *British Museum*, 624. c. 6.]

XIX.

BOLZANI (*Urbanus Bellunensis*), *Grammaire* (vers 1514).

Institutiones grae‖*cæ grammatices.*

[Première marque de Gourmont, avec le premier *o* cassé.]

Veneunt in aedibus[1] ‖ Aegidii Gourmontii e regione ‖ collegii Cameracensis.

[Ce titre est entouré de quatre bois : à gauche, un personnage debout, tourné à droite, au-dessous duquel est une sorte de dragon ou hippocampe; à droite, un vieillard embrassant une femme; au-dessous, un personnage avec le bonnet de folie et des grelots à la ceinture; au bas, trois hommes d'armes en regard de trois femmes, vus à mi-corps.]

Fol. 1 v°, blanc. — *Fol.* 2. Aldus Manutius Romanus Joanni Francisco Pico ‖ Mirandulæ, S. D. ‖ Cogitanti mihi iamdiu Joannes Erancisce Picæ (*sic*)...

Fol. 2 v°. Lettres et diphthongues grecques; *Pater* et *Ave*, en grec.

Fol. 3. Fratris Vrbani bellunensis ordinis minorum ‖ institutiones grammaticæ.

Les fol. 181 v° *et* 182 *sont blancs.*

Petit in-4°, 182 feuillets non paginés, 30 lignes à la page (153 × 96^{mm}); signatures a ij-H iiij. Accents fondus avec les lettres. [*Besançon*, 258 (1); *Angers*, B. 106.]

---

1. Les mots du titre imprimés ici en italiques sont en caractères gothiques.

XX.

Alphabet hébreu et grec (1515?).

ALPHABETVM HEBRAICVM ‖ ET GRAECVM.

[Première marque de Gourmont, avec le premier o cassé.]
Fol. 1 v°. ALPHABETVM HEBRAICVM.
Fol. 2. α Libellus græcus.
      Petri Anto. Cagianigi ὠδὴ.
      Paulini carnevali ἑξάστιχον ad iuuenes.
      Jo. Francisci cruci. ἐνδεκασύλλαβον.
Fol. 7 v°. Antonelli Arcimboldi tetrastichon.
Fol. 8. ABBREVIATIONES GRAECAE. (Gravées sur bois; ce sont les mêmes qui ont servi dans l'*Alphabet*, n° IX.)
Fol. 8 v°. α Erratula (etc., comme au n° IX. — Le caractère romain employé dans cette nouvelle édition est plus gros).

Petit in-4°, 6 feuillets non paginés, de 29 à 32 lignes à la page (167/150 × 88^{mm}); signatures A ıı.-A ııı. Accents fondus avec les lettres. [*Bibl. nat.*, X. + 57 (1).]

XXI.

Musée, *Héro et Léandre* (1515?).

Musaei Antiquissimi poetae ‖ de Leandri & Herus amoribus.

[Marque représentant le *Prestre Iehan*, debout, tenant un livre fermé et une sorte de sceptre.]

Veneunt in aedibus Egidii[1] ‖ Gourmontii e regione Collegii Cameracensis.

Fol. 1 v°. ΜΟΥΣΑΙΟΥ ΤΑ ΚΑΘ' ΗΡΩ ΚΑΙ ‖ ΛΕΑΝΔΡΟΝ.

Fol. 8 v°. ΤΕΛΟΣ.·. — (Les lettres du mot τέλος sont disposées l'une au-dessous de l'autre.)

Petit in-4°, 8 feuillets non paginés, de 23 et 24 lignes à la page (150/155 × 96^{mm}); signatures α ıı-ııı. Accents fondus avec les lettres. [*Nevers*, 1780 (2); *British Museum*, 11335, c.]

---

1. Les mots du titre imprimés ici en italiques sont en caractères gothiques.

XXII.

Théodore Gaza, *Grammaire*, livre I (1515?).

THEODORI INTRODVCTIVAE GRAMMA‖TICES LIBRI QVATVOR.

[Seconde marque de Gilles de Gourmont; Brunet, *Manuel*, II, 903.]

« Venundantur Parrhisijs sub intersignio trium Co-‖ronarum apud egidium Gormontium in vico diui Iacobi.

Fol. 1 v°, *blanc.* — *Fol.* 2. ΘΕΟΔΩΡΟΥ ΓΡΑΜΜΑΤΙΚΗΣ ΕΙΣΑ-‖ΓΩΓΗΣ ΤΩΝ ΕΙΣ ΤΕΣΣΑ-‖ΡΑ ΤΟ ΠΡΩΤΟΝ. ‖ [Τ]Ων τεσσάρων...

Fol. 21. « ΤΕΛΟΣ ΤΟΥ ΠΡΩΤΟΥ.

Petit in-4°, 21 (22) feuillets non paginés, de 21 et 22 lignes à la page (141/145 × 88^{mm}); signatures a ij-d iii. Accents fondus avec les lettres. [*Bibl. nat.*, X. inv. Réserve 1403.]

XXIII.

Théodore Gaza, *Grammaire*, livres I-IV (9 juin 1516).

(I.) THEODORI INTRODVCTIVAE GRAMMA‖TICES LIBRI QVATVOR.

[Seconde marque de Gourmont.]

« Venales reperiuntur parisiis apud Egidium ‖ Gourmont e regione collegij Cameracensis.

Fol. 1 v°, *blanc.* — *Fol.* 2. ΘΕΟΔΩΡΟΥ ΓΡΑΜΜΑΤΙΚΗΣ ΕΙΣΑ-‖ΓΩΓΗΣ ΤΩΝ ΕΙΣ ΤΕΣΣΑ-‖ΡΑ ΤΟ ΠΡΩΤΟΝ.

Les *fol.* 21 v° et 22 *sont blancs.*

(II.) THEODORI GRAMMATICAE IN‖TRODVCTIVAE LIBER ‖ SECVNDVS.

[Seconde marque de Gourmont.]

« Venundantur parisiis ab Egidio Gour‖mont E regione collegij Cameracensis.

(Le texte commence au verso du titre. — *Fol.* 62 v° *et* 63, *blancs.*)

(III.) (Même titre) ‖ TERTIVS.

(Même souscription. — Le texte commence au fol. 65 et finit au fol. 117 v°.)

(IV.) (Même titre) ‖ QVARTVS.

Le texte commence au verso du titre.

Fol. 170 v°. ΤΕΛΟΣ ΤΟΥ ΤΕΤΑΡΤΟΥ ΤΩΝ ΕΙΣ ΤΕΣΣΑ‖ΡΑ τΗΣ ΘΕΟΔΩΡΟΥ ΓΡΑΜΜΑΤΙΚΗΣ ‖ ΕΙΣΑΓΩΓΗΣ. ΚΑΙ ΙΗΣΟΥ ΧΡΙ‖ΣΤΩι ΠΛΕΙΣΤΗ ‖ ΧΑΡΙΣ.

α Ἐτυπώθη Παρισίοις παρὰ Γουρμοντίῳ ἔτει ἀπὸ ‖ τῆς θεογονίας χιλιοστῷ πεντακοσιοστῷ ἕκτῳ κ[αὶ] δεκάτῳ ‖ σκιροφοριῶνος ἐννάτῃ ἀπιόντος.

Le *fol.* 171 v° est blanc.

Petit in-4°, 172 feuillets non paginés, de 21 et 22 lignes à la page (142/146 × 85ᵐᵐ); signatures a ii-ɔɔ iiii. Accents fondus avec les lettres. [*Mazarine*, 10061.]

XXIV.

Sentences des sept sages, éd. J. Musurus (avant 1517).

α *Sententie siue apo-*‖phthegmata septem sapientum Græcanica : vtilissi-‖ma sane ac ethica / vna cum Pythagorico sym‖bolo : vnumquemque admonentes ‖ quō in hoc mortali labyrintho sese ‖ dirigere oporteat : nuperrime casti‖gata ac aucta ab Iacobo ‖ Musuro Rhodio.

[Seconde marque de Gourmont.]

Fol. 1 v°. α *Jacobus Musurus Rhodius Ion*[1]-‖ge verendo in Christo patri D. IOANNI OLIVERIO ‖ Diui Medardi Suessionen. Abbati dignissimo / Regioque ‖ Chronographo prudentissimo / omnifaria disciplina tum Grae‖ca / tum Latina cumulatissimo / cum omni veneratione. S. ‖ Cogitanti mihi ac saepius mente ‖ reuoluenti[2]...

Fol. 2. α Τὰ τῶν ἑπτὰ σοφῶν ἀποφθέγματα. ‖ α Ἐπίγραμμα εἰς τοὺσ ἑπτὰ σοφούσ.

Ibid. Τῶν αὐτῶν ἀποφθέγματα. ‖ α ΚΛΕΟΒΟΥΛΟΥ ‖ ΤΟΥ ΣΟΦΟΥ.·. (Texte à 2 colonnes.)

Fol. 6. α ΧΡΥΣΑ ΕΠΗ ΤΟΥ ΠΥΘΑΓΟΡΟΥ.·.

Fol. 8. α Φωκυλίδου ποίημα νουθετικόν.

Fol. 13 v°. α ΠΕΡΙ ΦΘΟΝΟΥ. ‖ Ὥσπερ ἡ ἐρυσίβη ἴδιόν ἐστι τοῦ σίτου νόσημα...

Petit in-4°, 14 feuillets non paginés, de 21 lignes à la page (150/135 × 86ᵐᵐ); signatures a ij-c iiij. Accents fondus avec les lettres. [*Mazarine*, 10487 (7).]

---

1. Les mots du titre imprimés ici en italiques sont en caractères gothiques.
2. Le texte de cette préface a été reproduit dans le *Bulletin de la Société de l'histoire de Paris* (1886), t. XIII, p. 108-109.

XXV.

Chrysoloras, *Grammaire*, éd. Fr. Vatable (5 février 1516 [1517]).

ΕΡΩΤΗΜΑΤΑ ΤΟΥ ΧΡΥΣΟΛΩΡΑ.

[Seconde marque de Gourmont, avec les quatre sentences du n° XI.]

Grammatica Chrysolor*ae*.

Fol. 1 v°, même dédicace; *fol.* 2 v°, même début des *Erotemata*.

Fol. 65 v°. α Ἐτυπώθη ἐν λευκοτοκία. ἤτοι παρίσιοις Ἔτει ἀπὸ ‖ Θεογονίας χιλιοςῶ, πεντακοσιοςῶ ἐκκαιδεκάτω. Ἐλα‖φηβολιῶνος ἱςαμένου πέμπτῃ.

Petit in-4°, 65 feuillets non paginés, de 21 lignes à la page (144 × 86^{mm}); signatures α ııı-ρ ıııı. Accents fondus avec les lettres. [*Arsenal*, B. L. 250 B[1]; *Université*, Inc. I. l. III, 23 (4).]

---

1. L'exemplaire de la bibliothèque de l'Arsenal porte les ex-libris mss. de Gérard et Jean Denisot.

APPENDICE.

PRÉFACES

DES

PREMIÈRES ÉDITIONS GRECQUES PARISIENNES

(1507-1516)[1].

I.

Préface DE FR. TISSARD AU *Liber Gnomagyricus.*

(12 août 1507.)

Franciscus Tissardus Ambacæus omnibus benevolentissimis, studiosissimis, et litterarum cum latinarum amantissimis, tum græcarum cupientissimis, salutem.

Nemini dubium est, juvenes modestissimi, adolescentes benevolentissimi (hos enim compello, hos præsertim alloquor), quanti sit latinis eruditio græca tum præcipue hac tempestate æstimanda, non provectis solum et doctrina et latiali eloquentia, alioquin Tullio cæterisque et oratoribus et philosophis et medicis, cæterarumque artium hujuscemodi ac disciplinarum cupientissimis celebratissima, verum etiam vobis paulatim serpere ad summa latinitatis fastigia nitentibus. Quam grave enim quantumque molestum græca passim conspersa eorum insciis non in soluta modo ac oratione pedestri nescire, neque hystoricis in libris, neque in cæteris oratoriis, et ne in epistalticis quidem ac missoriis epistolis, quarum usus ubique frequentissimus, sed in poeticis figmentis, quorum rivuli ex græco fonte emanarunt, quorum origo ex græco stirpe propagata est, quorumque vis ac energia quanta sit quamque magna ac vehemens

---

1. Les numéros d'ordre, en tête de chaque *préface,* se réfèrent à la liste précédente des premières éditions grecques parisiennes.

nemo est qui apprehendat, nemo est qui concipiat, quique animus, quæ mens, qui intellectus, quæ sententia eorum qui tam acute, tam ingeniose, ac perspicaciter derivavere, vix ullo quovis pacto (ni græcæ aurigentur disciplinæ veluti preduces) poteris unquam dispicere, tot namque offendicula, tot impedimenta, quæ te remorentur invenies, ut vix te illis expedire queas, adeo in illis implicitus, adeo involutus, græcis non explicantibus, interdum existes. Nec mediocriter eruditi solum cum inter legendum nonnulla præcernunt vocabula, origine quidem græca, conversione vero derivationeque latina, aut græcas aliquorum significantias, græcasve aliorum inflexiones ægre molesteque ferunt non intelligentes, ipsique arduum veluti in præcipitium continuo feruntur. Sed etiam litteratioribus, cum graviores sententias casu latinis insertas (hisce tamen non antehac vel paululum imbutis) attingant, non difficultati ac molestiæ esse non potest, quo ei majora hi ac difficiliora aggrediuntur, siquidem obviam se forte præbeant talibus (quam plurima ac prope infinita passim comperies) græca poscentibus ac desyderantibus, quis asperiorem durioremque minaturos ruinam dubitabit, eoque hæsitantiores dubiosque magis, ac magis ambiguos, quam sint juniores ac ingenio tenelli? qui quod non plura in sua primæva ætate noverunt in paucis adhuc dubitavere, etenim lapsum esse ut maturiores, tam facilem haud suspicantur. Utrisque itaque, alteris quidem quod sæpenumero nutent ac vacillent græcorum inscitia, alteris vero litteris bonis præditis cæterisque præstantibus quod nonnunquam idque sæpius veluti ancipites gradum sistant atque ambigui, summa ope conari licet ad eaque aspirare, qui enim cum sint sententiæ græcæ latinis taliter promiscuæ una neglecta aspernataque possunt cæteræ postmodum intelligi? quomodo quis dictorum argutiam nonnunquam ob aliorum vocabulorum proprietatem, nonnunquam ob aliorum allusionem græcis spretis contemptisque accipiet? quorum pluscula in præsentiarum memorare possem ni epistolæ prolixitas vetaret, ni epistolari modo, consuetudineque urgerer, ne ipso quidem libello appendiculum multo majus appositum ire viderer. Sat preterea mihi constat vos omnis hujusce haudquaquam ignaros quid videlicet lingua græca conferat, quidque utilitatis afferat, quid frugi ac commoditatis, et demum quam sit necessaria. Eapropter incudi impressoriæque arti nonnulla græca ea quamlibet minima, immo vero tametsi paucula, maxima tamen scituque dignissima reddi curavi, magno quidem labore, majore vero anxietate, cum incussorum sibi hoc munus hanc provinciam assumere vellet nemo, nullus non id laboris subterfugeret, et quilibet denique sumptibus parceret. His itaque anxius quod via nobis ita foret preclusa, iter preruptum, quorsum rationis ducerer, qua eos ratione cierem, moverem, et ita demum persuaderem me latuit. Characteres præterea græcos nobis hactenus defuisse vidi, ad eorum quoque aliquot sculpendos et postmodum liquefaciendos et denique ad eos in opressioni aptandos tradendosque magnis, ut aiebant, sumptibus (quibus astipulatus sum perfacile) magnis expensis opus esse, ad hæc ea non intelligere, ne legere quidem, ejusque insolentes fateri, item quibusquam se intromittere quorum non pateat exitus imprudentis esse. Unum postremo est quod me mollem, quod me fractum, ac denique magis anxium reddidit, quod vires, ingenium superioribus illis rationibus debilitatum ac deficiens fere consternavit succumbereque prope coegit. Quandoquidem simul ac pluribus rationibus variis ac diversis, et honore, et fama, et gloria, et tum maxime utilitate non scholasticæ pubis solum, reique publicæ, sed etiam suo proprio ac emolumento peculiari, omni difficultate sublata ac demolita, eos incitassem, incendissem, ad id laboris induxi, ut operam suam omnem, omnem denique industriam, ac quicquid opum ac facultatum haberent publicæ utilitati consulturi præbere pollicerentur, accentus tum deficere, abbreviationibus eos carere animadverti. O pœnuriam miseram, o iniquam commiserendamque rerum angustiam, heu, quo dolore percellor, quo conficior. Hei, egestati perversæ quæ me jam ob utilitatem rei publicæ susultantem ex maxima hilaritate maximoque gaudio in maximam tam subito mœstitiam pervertisti, quæ me veluti a carceribus ad scopon fere jam decursum retro veluti pilam tam subito retorsisti, quodque vix difficulterque ab impressoribus tandem conquisiveram resolvisti perfacile. His tamen neque supersedere profecto, neque desistere tantisper decrevi, omnibus primum rebus jacienda esse principia ratus, quibus postmodum haud difficile est superaddi, dum eis iterum persuasionem moliri queam, nitique exorare. Qui paulisper tametsi subdifficiles in primis quod vix illa veluti inculta venirent, vixque quod forte sordida viliaque a plærisque putarentur exponerent expedirentque, eoque in magnum dispendium magnamque jacturam incursum irent, atqui persuasi tandem iterum atque iterum exorati assensum suum perquam optate prestitere, aliquot quoque accentuum ac diphthongorum tandem invenere, quod illis quoque recepi vos omnis vestrumque singulos ære tam parvo, non auri libra, non argenti, ne aureo quidem, sed pecuniolis modicis ac minutis comparaturos esse, ne etiam juvenes ac adolescentulos solum, prima vixdum elementa exorsos haudquaquam adhuc accentibus indigentis, tenuique ac curta saltem nummularia supellectili suffultos, qua eis nefas pluris majoraque ac cariora comparare, quod et ob impensas peringentes in illis voluminibus nimiam in crassitudinem excrescentibus, et in eorum trajectione ultramontana, operæ precium est veneant quamplurimi. Verum etiam peritiores nec græcis minus quam latinis mercaturos aucturosque spopondi, tametsi aliunde undecunque curare possunt trajici, quippe qui utilitati præsunt publicæ, huicque quam maximopere student, eoque magis optabunt emere quo nummatiores quidem existant, ut aliis emptionem magis excitent, magis atque magis incendant. Comparate itaque vobis, comparate (inquam) hoc opusculum aureis septem sapientum dictis, aliisque Pythagoræ redimitum, non tamen nummis iccirco aureis sed precio tantillo, adeo ut marsupia vestra ne pauxillum quidem deprægnascant, adeo ut ne etiam minimum detumescant. Quandoquidem his admodum si exinde lucellum quamlibet modicum aucupari sentiant, majora impressores cudere proculdubio urgebitis, voculationum signa prosodiasque seu accentus omnes ad unguem propediem restituere, pariter ac omnis dictionum abbreviationes omnis diphthongos improprias, atque eam ipsam demum linguam græcam veluti omnium scientiarum, omniumque artium liberalium, ac disciplinarum obsidem vobis tradere compelletis. Valete.

Postface de Tissard au *Liber Gnomagyricus.*

(12 août 1507.)

Francisci Tissardi Ambacæi ad clarissimum ac studiosissimum scholasticorum Parrhisiensium cœtum paraclesis.

Præstaturus operam, egregii juvenes, studiosissimi adolescentes, quo nobis obstrusa lingua græca diu ad hæc usque tempora, ex sacro tandem musarum penu deprometur, nihil congruentius, nihil convenientius, nihil denique toti Parrhisio et demum toti Gallicano cœtui scholastico decentius ac optatius duxi, quam libellum cum brevem imprimis ac succinctum, tum sententiis et catholicis et undequaque divinis septem Sapientum, videlicet Pythagoræ, Phocylidis, pariter ac Erythrææ sibyllæ, refertum ornatum atque cæteris omnino poeticis figmentis præfulgentem impressioni tradere, uti juvenes pueri quoque imprimis id græcorum degustent, quod eorum gestus, vitam, mores decoret, perpoliat, exornet. Quandoquidem quod primum ex græcis Naiadum fluentis imbiberit, saporem illum vix exiccare corrumpereve, non dicam lethæos Stygis torrentes, sed cæteros aliquatenus delicatos arbitror posse. Scilicet ecquod studium, ecquæ exercitatio jactis ante fundamentis in hisce documentis, in hisque firme stabiliterque constitutis, vitam taliter illis institutam temerare violareque poterit? Nisi qui forte invidia aut torpore correpti, hæ preclara monimenta, exhortationesque, ac ad bene beateque vivendum precepta aspernentur contemnant. Qui simulatque eis obvincti erunt detentique, viciorum profluvio submergantur extemplo necessum est, ab eis ipsis quoque veluti abs torpedine pisces soporati, devorentur. Cæterum eorum ullum, vestrum fore neminem censeo, utpote qui video vos adeo benevolos, vos adeo alacres conspicio, ut nihil sit quod me horum quicquam in humanitatibus vestris, in benivolentiis vestris esse, reri commoveat, ne suspicari quidem, atquin ea vestra benivolentia, ea vestra alacritate (quam præ vobis fertis) plurimum suscitor, plurimum incendor ac impellor, quo majora posthac et Homerum ipsum tandem per librorum saltem sectionem, Græcorum ipsorum delicias ac gloriam, tradiderimus. Quid plura? Ethica tandem, politica, œconomica et alia tanti viri tamque excellentis philosophi, et cæterorum divinorum magis quam humanorum ingeniorum monumenta. Adeste ergo unanimes, favete æquanimiter, ea hercle jam licet apud nos habere, et vili mediusfidius mercede, quæ tanta tamque longinqua peragratione, ac iniqua transfretatione maris, tanta pecuniarum exhaustione, tot' sumptibus ac expensis consequi operæ precium fuit. Sed quid ultra? Qui subticeam id (quo nos omnis simul cum patria inurunt) improperii, dum in Gallos ii ipsi excandescant Itali? Quid (inquiunt) barbari in nos arma defertis? Speratisne usquequaque hac in tam celebri, tam diserta, tam eleganti patria dominari? Hic barbari inculteque leves superbi atque arrogantes, apud Latinos adeo tersos cultosque, adeo constantes, adeo modestos humanos ac benevolos amicis quidem, inimicis vero et severissimos et trucissimos, hic inquam apud nos speratis habitare? Penes nos licere volumus? Hicque ad nos opes vestras divitiasque ex nationibus illis ultramontanis asportare, quibus nullus est litterarum humanarum neque latinarum neque græcarum usus. Valeant autem cum suis sophismatibus; valeant bonarum litterarum ignari, νήπιοι, vesani, qui livore oculos obducti (hi enim sunt qui obloquuntur) non qui præ eorum oculis existunt, vident. Noruntne quamdudum prerepta est illis clava et oblatum est illis jugum? Noruntne quam Parrhisiorum universitas sit in litteris florentissima? Quod et plerique ipsorummet Italorum prudentes plane ac doctrina experientiaque præditi haud inficiandum putavere, nobis tamen litteras græcas deesse audenter asseverant. Ecce, in hoc dumtaxat Gallos gloriantur superare. Jamjam tamen via patet, qua nos illorum manibus palmam subducamus, cui facilis mox propeque (si vultis) adest exitus. Collaboremus ergo, alter alterum coadjuvet, alter alterius adsit auxilio. Et ita demum hisce prælibatis principiis suo quisquis vestrum studio ac exercitio, Græcorum gymnasium et veluti Athenarum academiam exaugebit, usque adeo ut et litteris latinis et græcis Itali facile succumbant, et Gallis denique cedant.

ACROZETA.

Quo? quisquis es liber, vetatur progressus.
Sistas gradum, ad sacra ire nefas pannoso.

I nunc, fuge, inquam; ah, non fugis, locus pœne est
Facesse, neu plagis acerbe expungaris.

GNOMAGYRICVS.

Quisnam in palladios musis vetat ire penates?
    Quique lycambea vellicat invidia?
Pieriis vestras musis nun missus in oras
    Liber eo? gremium præstitit Italia.

ACROZETA.

Manco vel inculto? recepit amplexu
(Scio) sed ullis haud egentem ornamentis.

GNOMAGY[RICVS].

Atqui primævis (ut spectas) cepit in annis,
    Incomptoque suos credidit illa sinus.
Ast ut honoratum Jovis hinc videre Puellæ,
    Reddere et immensis præmia divitiis.
Hæ simul ac Charites peplis venere paratum,
    Quoque magis veneror, me coluere magis.
Me quoque si precio et dulci efferretis honore,
    Quæ restant subito cætera culta forent.

METICRATES.

Mitte intro ut spectet, sine sacra in templa venire.
    Græcus es? I, Græcis gloriam, opesque ferunt.

Η ΤΟΥ ΓΝΩΜΑΓΥΡΙΚΟΥ ΠΡΟΣΗΓΟΡΙΑ.

Αὐτὸς ἰδοὺ καὶ ἐγὼ, ὡς ἄλλοι, νηὸν ἐπῆλθον,
    Χαίρετε λείβοντες χαίρετε πολλὰ θεαῖς.
Ἀλλ' Ἀγγωλίσμων κρατέονθ' ἕνα φασὶ παρεῖναι,
    Τῶνδε μὲν ἡγεμονόν, Παλλάδι δ' ὄντα φίλον,
Ὅν μὲ προσασπάζεσθ' ἔπεσ' ἔχρη μειλιχίοισι.
    Χαῖρ' οὖν ἡγῆτορ, καὶ μοὶ ἀρεστὸς ἔσο.
Τῶν δὲ Θολώσαν' ὃν προτιθεῖσιν ἐπίσκοπον, ἀρχὲ
    Νῦν σὺ φίλει, κ' ἄμφω μ' ἀμφαγαπᾶτον ὁμῶς.

Ejusdem salutationis in latinum trallatio.

Illicet ipse quoque ingredior, salvete colentes,
    Vos salvete, pias supplice ture deas.

Tu tamen ante alios salve, o meus inclyte princeps
   Angolisme, chori signifer Aonii,
Doctaque quem gremio redolenti Pallas ephebum
   Fovit odoriferis præpositura sacris.
Sisque Tholosanus fautor, qui numina servas
   Musarum, et votis ambo favete meis.

ΤΕΛΟΣ
ΣΥΝ ΘΕΩ.

II.

Préface de Fr. Tissard a la *Batrachomyomachie.*

(18 septembre 1507.)

Franciscus Tissardus Ambacæus spectatissimo ac observandissimo domino Joanni Aureliano, archiepiscopo Tholosano et bonarum litterarum studiosissimo s.

Cum te studiosum non mediocriter litterarum græcarum, antistes spectatissime, non minus quidem quam latinarum, esse cognoverim, non te posthabendum duxi, qui sciam quam excellenti polleas ingenio, quamque flagranti studiorum capessendorum capiaris desiderio. Ad hæc his te vigilantem curam ac sollicitam operam nanciscendis adhibere, eoque in animo fuit aliquod opusculum tibi græcum dicare, quo possis animum tuum nonnunquam post juges ac diuturnos labores (simulac id semel intellexeris) recreare. Quod tametsi exiguum ac pusillum est, ex magno tamen ac præstanti emanavit ingenio... (Suit un éloge d'Homère et de la Batrachomyomachie.)... Nihil itaque gratius, nihil juvenibus optabilius, post sententias illas quas dudum nosti et morales et undequaque divinas impressioni dare excogitavi. Tu vero præ oculis meis, ad quem dirigerem, id tantulum continuo versatus es, cujus studium sæpius multum ac diu in animo versavi, id visitatione quadam frequenti præcognoscens. Itaque, ut aliquod tui studii munus ac officium subeam atque exercitii, hanc Homeri Vatrachomyomachiam tibi destinavi, quo te inter ociandum nonnunquam delectet, quin delectet enim non vereor, huic si indulseris, sed indulgeas quæso, et eam intense atque hilari vultu (si lubet) amplexeris. Eumque ama, qui te hoc libello salutat; quem si amaveris, majora tibi in posterum pollicetur. Vale fœliciter. Parrhisiis, octavo idus septembres.

Φραγκίσκου Τισσάρδου Ἀμβακαίου ὕμνος εἰς Μούσας, Ἀπόλλωνά
τε καὶ ἀρχιεπίσκοπον Θολωσάνον.

Μουσῶν ἄρχομαι αὐτὸς Ἀπόλλωνός τε Διός τε,
Ἐκ γὰρ Μουσάων, καὶ ἐκηβόλου Ἀπόλλωνος
Ἄνδρες ἀοιδοὶ ἔασιν ἐπὶ χθονὶ, καὶ κιθαρισταὶ.
Ἐκ δὲ Διὸς βασιλῆες. Ὁ δ' ὄλβιος ὄντινα Μοῦσαι
Φιλοῦσι, γλυκερὴ οἱ ἀπὸ στόματος ῥέει αὐδή.
Ζεὺς δὲ Θολωσάνον πεφίληκε μάλισθ', ἱερήων
Ζεὺς οὖν ἀρχὸν ὅδε προσέθηκ'. Αὐτὰρ καὶ Ἀπόλλω,
Καὶ Μοῦσαι γλυκερὴν περὶ κῆρος δῶκαν ἀοιδὴν,
Δὴ μὲν ὅδε σπουδαῖος ἔπη μελιηδὲ' ἀείδει.
Χαῖρ' οὖν Ζεῦ, τινὰ νῦν καὶ ἐμοὶ πάτερ ὄλβια δοίης.
Χαίρετε τέκνα Διὸς, καὶ ἐμὴν τίσαιτε ἀοιδὴν.
Φοῖβε με χ' ἡδυεπῆ τελέοις, κιθάρην τε λίγειαν.

TRALLATIO.

*Francisci Tissardi Ambacæi hymnus in Musas, Apollinemque
et archiepiscopum Tholosanum.*

Ordior a Musis, et Apolline, et ab Jove summo,
Cœlestes etenim Musæ, Phœbueque poetas
Desuper instituunt divos, citharaque canentes.
At Jove procedunt reges. Sed quisque beatus,
Quem coluere deæ, suavi nam vox fluit ore.
Quodque Tolosanum prospexit Juppiter, archon
Præfecit sacris. Sed Apollo pectine lusus,
Argutæque suas Musæ docuere camœnas,
Usque adeo latia ut plene moduletur avena.
Juppiter at salve, tandem annue me quoque faustum.
Vos salvete deæ, cantusque probetis, at effer
Tu me suaviloquum Deli, citharamque sonoram.

Petrus Tissardus ad fratrem.

En tibi summus honos, sublimis gloria, laudes
  Immensæ, et patrium te petit omne decus.
Te duce si Gallis palam opuscula græca legantur,
  Perdita ne patriæ littera sit Danaæ.

Franciscus Tissardus.

Frater es, et fratris non parva est suasio, sed quid ?
  Meque Tolosanus suscitat et patria.

III.

Préface DE FR. TISSARD A L'ÉDITION D'*Hésiode*.

(28 octobre 1507.)

Franciscus Tissardus Ambacæus Joanni Moreleto Musæo, serenissimi ac christianissimi Galliarum regis secretario meritissimo et amicorum charissimo, s.

Graviter et iniquo animo ferrem, mi Morelete, non modo si te perpetuo pretermitterem immunem, sed etiam et si nunc quantum te amem conticerem, et aliquo haud te munusculo impresentiarum donarem, quatinus is sis, qui musas ames, et ab eis mutuo redameris. Is sis, qui eas colas ac venereris, tu quoque ab his orneris ac expoliaris. Quid? quod ad earum ædes, et penitissimos penates, tam prestanti ac toleranti animo convolaveris, easque diu illic captaveris frequenti studio, assidua cura, ac industria, affabiles conciliando ac benignas. Patavium novit. Quid Patavium? tota plane Italia, atqui sacrarum totius Italiæ musarum ædes, templa quæque celebratissima te noverunt... Tu namque expers conjugii, es ab ira ac seditione muliebri veluti procellosis agitationibus exclusus. Te tua non infestat uxor, cum agamus sis et a conjuge vacuus quæ te fastidiat, quæ te assidua ut cæteræ prope omnes suos queque maritos afficiat molestia... At vero ut et aliquatenus nunc quoque itidem delecteris, partibus meis ac amici officio functus, aliquod opusculum (quod tibi fore gratum autumo, cum quod litteris compositum, que sunt admodum tibi gratæ ac peculiares, tum quod Parrhisiis, primis græcis Galliarum characteribus impressum est) nomini tuo dicare sedit in animo. Quod Hesiodi est, ne antiquitate quidem minus, quam auctoritate percelebre, cujus etsi fama satis superque apud Græcos claruerit, ob ejus et uberantem doctrinam et prestantem eruditionem, usque adeo ut ad Latinos demum Vergilio buccinatore insigni, pervolarit, nihilominus tamen tua aura propicia, ac fœlici, palam in Galliarum lucem ex profundissimis tenebris (quod nusquam Galliarum hactenus impressum fuerat) prodire spero, et uberrimam ac florentissimam secum mercedem Gallis afferre... Vale fœliciter, et me (ut soles) ama.

IV.

Préface DE FR. TISSARD A LA *Grammaire* DE CHRYSOLORAS.

(1ᵉʳ décembre 1507.)

Franciscus Tissardus Ambacæus spectatissimo ac observandissimo domino Joanni Aureliano, archiepiscopo Tholosano, et bonarum literarum studiosissimo s.

Profuturus mea opinione ac judicio non parum rei publicæ litterariæ, Reverende atque ornatissime Præsul, te præ oculis horum veluti laborum meorum scopon, habere duxi, ut neque sis nescius quo te amore amplexer, quanta te veneratione colam atque observem, neque ignorent studiosissimi quique literarum græcarum, horum te (quæ paulo universis fere, hisce in partibus hactenus occultiora extitere, mox vero apertissima ac vulgatissima sperem esse futura) non modo fore participem, cum clarissimo tuo ac observandissimo nomini dicem hæc (te auspicatissimo duce) audenter ac libere palam emersura. Verum etiam apprime norint te potissimum in causa fuisse cur græcam hanc grammaticam adeo mature impressioni atque instantissime commendarim. Eoque quantum in ea quisque proficiet, aut suo labore, sua industria, suis propriis ac domesticis studiis hac numerosa jam librorum copia, qua mediocriter quisque eruditus e vadis enatare, et (ut ita dicam) græcæ scopulos inscitiæ prætervehi possit, aut quantum publicis in lectionibus feret utilitatis, quas extemplo dexteris avibus et fausto fœlicique auspicio simus auspicaturi, et Deo duce adusque calcem hanc Chrysoloræ grammaticam deducturi, tantum profecto se ipse tibi debere fateatur, et tantum denique habeat gratiarum. Enim vero quam eruditionem latinam quæque tam carminum quam solutæ orationis contextum calleres, satis habebam compertum. Posthac vero græcæ traditionis ac disciplinæ cupientissimum animadverti, cumque sententiis te septem Sapientum, Pythagoræ, Phocylidæ, ac sibyllæ Erythræeæ, paulo ante impressis mirum in modum delectatum et veluti gestientem nimirum illis præclarissimis atque observandissimis a quoque, documentis, et a plerisque acciperem ad aures susurrantibus, et hisce meis oculis viderem. Porro fuit illico in animo aliquo te pusillo in primis, sed concinno tamen et terso atque eleganti munere Homerico donare. Quod post ubi jam tradidissem, quam bene, quamque urbaniter acceptasses, et qualis esset libellus, cujasnam, et a cujus tam præstanti ac excellenti defluxisset ingenio, ad hæc immensam erga te meum amorem atque observantiam maximam, mecum repetivi sæpius, hæcque invicem omnia identidem contuli comparavique. Libellum quidem eis ipsis (quas

supra dixi) rationibus maximum, maximam tuam erga eum genuinam
benevolentiam, meum erga te amorem atque observantiam maximam, et omnia denique maxima esse censui. Nihilominus tamen nec
animus meus hisce contentus fuit, qui alia te desiderare conjecit;
utpote quia studiorum cupientissimus sis, non sat fuit tibi vocabulorum significatum et deinde sententiarum intellectum ediscere, nisi
rationem congrui ab incongruo (quod non sine grammatica profecto
aliquatenus fieret unquam) reddere didiceris. Ob idque a multis ordinis præposteri plerumque insimulatum me fuisse non ambigem, nec
tamen eorum morsus insultusve, malorum quidem et invidia et veluti
rabie correptorum (si qui sunt) ii etenim esse his regionibus, hac
tempestate (cujus tamen me piget nimis, horum enim tunc laborum,
multis hanc provinciam sibi assumentibus, esset mihi perfacile sub-
terfugio locus) non multi queunt, nisi rationem pretergrediantur invi-
diæ, quam quis parturiens fœtus in ejusdem ut plurimum studii
emulum mittit, et veluti in hostis perniciem, quæ sua magis est, pro-
ducit, neutiquam reformidem. Quibus conticentia suæ vicem garru-
litatis ac loquacitatis vaniloquæ sustineat velim, at vero bonorum,
qui bono videlicet animo ac recto (ut putant) judicio ducuntur, non
modo non ægre ac moleste, sed leviter fero. Quorum partim sunt,
qui græcarum litterarum cupiditate ac flagrantia adeo rapiuntur, adeo
feruntur, ut totam disciplinam græcam uno (ut ita dicam) gentaculo
vorare, uno haustu exorbere, desiderent, idque posse arbitrentur.
Partim vero eorum sunt (quorum turba est frequentior, et maxime
quidem præcipua), qui veluti trepidantem forindolosi pontem super
Sublicium et prope lapsum minitantem trementes, et pedetentim sine
sude vel conto (cui innitantur) incedentes, decempedam seu baculum
(cui ceu duci adhæreant) poscunt, quo firmiores jaciant pedes, juxta-
que hi grammaticam, neu vacillantes ac nutabundi per ignotiora pro-
cedant, inprimis desiderant, efflagitant, ut quoscum quæpiam diffi-
cultates subeant, ii ad eam suam tanquam subsidiariam auxiliariamque
recurrant. Tu vero meas partes tuearis rogo, obsecro, atque obtestor
(cui nedum hunc dico libellum, quin etiam memet ipsum addico) ne
meam mihi famam, meum nomen invideant, deprecentur. Priores
enim (quos supra memoravi) videant ne appetitu suo, et improbo quidem ac nimis flagranti arcant, ac exiccentur, facileque deficiant.
Plane haud equidem diutius existimo duratura, flagrantius arden-
tiusque cœpta. Quod si perstanter ipsi perseverarint constantes, qui
propediem docti eruditique Græci evadant, in dubium non revoco.
Non ob hoc tamen (tametsi eorum est ingenium facile capax, atque
animus eorum ardentissimus, et his denique sese intentissimos assidue fore spondeant) omnia, quæ et nos itidem cuperemus, simul
impressioni posse tradi putent. Verum neque memorati posterius (qui
nos grammaticam inprimis et præ cæteris curare debuisse aiunt, et

4

prima prius esse jacienda fundamenta, quam liceat super ædificari, grammaticam vero litterariæ cujusvis disciplinæ esse fundamentum) non satis, hercle, perspicaces ac experti fuere, nescii fortasse ita me ex composito fecisse. Satis enim cuique constat grammaticam esse ceu rubricam, aut amussim ac regulam vocabulorum atque sententiarum, uniformiter exquisitissima queque singula ad invicem concinnantem. At vero prius aliqua vocabula ac sententias in medium afferre docere, quæ regulis posthac grammaticalibus veniant dirigendæ, quam grammaticam multo post forte sententiis exercendam, cujus cum finis incongrua reformandi, congrua vero assciscendi sit ac approbandi, frustra primum in lucem prodiisset, cui se rei accommodaret non habens. Ubi autem operam litteraturæ græcæ navantes, latinam salem incalluerint, cum nostris queant interpretationibus queque græca ad tempus per latina dignoscere, non debuit hæc tantula ac tam modica illis, neque dura, neque molesta ac difficilis expectatio videri. Item nec ea que in grammaticalibus continentur adeo placitura, ut hæc nostra prius impressa, rebar, cum vocabulorum voluptate, latinis varia ac multiplicia (ut sæpius vidimus) figurantium, tum sententiarum adeo egregiarum ac insignium, adeo delicatarum ac suavium, ut ad id plerosque (quod rei publicæ gratia poscebam) facile pellexerint, idque nunc vehementer expetant ac desiderent, quod antea forte neglexissent respuissentque. Insuper quorsum hic noster labor verteretur inprimis ignorabam, quo fit ut a levioribus, et concisioribus, atque magis exiguis capessendum iter esse censerem, cum accentibus primum universis (dum græca impressioni demandare cœpimus) careremus. Paulo tamen fœlicius, quam sperarem ante ipsius quoque primi libelli exorsa, successit, quod Deus in posterum secundet atque in meliora vertat. Hæc itaque sunt, antistes observandissime, quibus et aliis rationibus, his longe melioribus, et auctoritate tua me tutari queas, et multorum maledictis eripere, cujus suffultum patrociniis nemo hominum est qui in me audeat invehi. Et ob tuam eminentem inter cæteras auctoritatem, et hoc presertim indulto (quod abs te imprimis norint accepisse, quo hanc grammaticam cum libellis paulo ante cussis conjungant) quod ad tempus adhuc pauxillum differre contendebam, suas cuique querelas extingues, et eos quosque paulo facilius mitigabis. Vale, beatus ac fœlix semper, tui nunquam Francisci immemor. Cal. Octobris.

Ad archiepiscopum Tholosanum Francisci Tissardi Ambacæi epigramma.

Fœlix, perpetuos ades huc memorandus in annos,
    Atque operis fido pectore munus habe.
Fonte labella potes jamjam mersare profundo
    Pieridum, hoc studiis utile fassus opus.

Namque vias nulla ducens ambage patentis
   Extollet, gemino te comitante duce.
Lugdunus latios plane ut devexit in agros,
   Trans apices posthac Phocidos arte vehet.
Alnetusque sacris fragrantia tura docebit
   Fundere, pacifico numina rite colens.
Postremo Elysios facile est tibi visere campos
   Et præstare choris gnaviter hymnisonis.

Ejusdem ad dominum Oliverium Lugdunum distichon.

Doctus es, et doctos peto, quodque latinus haberis
   Et quod græcus, amo, vel quod uterque, colo.

Charolus Rousseus ad lectorem tetrastichon.

Primus Parrhisia Graiæ nova gloria linguæ
   Ambacus Argivum concinit urbe melos;
Quo duce morales sophiæ amplexabere leges,
   Hoc igitur stabili pectore fige memor.

ΤΕΛΟΣ.

V.

Préface, etc. de Fr. Tissard a sa *Grammaire hébraïque.*

(29 janvier 1508 [1509].)

Franciscus Tissardus Ambacæus illustrissimo ac serenissimo principi domino Francisco Valesio, Valesiorum duci et Angollismorum comiti, s.

Sepenumero cum mecum repeterem, illustrissime ac serenissime princeps, multumque in animo versarem multos quondam annos litteris indulsisse, operamque meam omnem, tot virorum quoque tanta, tamque præclara ac eximia virtute, egregia ac singulari eruditione ac disciplina insignitorum, perituram, qui tanta sedulitate, tanta industria ac labore, eisdem me decorare totis viribus studuerunt... Cæterum dum hos mente animoque excutere cogitabam, tu postremo mentem (me hercule) subire apperuisti eamque ut aliqua recenter prodirent excitare vehementer. Simul ac vero quidnam tuo nomini dicarem (quod novum ac utile potissimum esset) paulo ante excogitavissem. iterum mentem nuperrime visus es irrepere, pariter ac jubere uti hoc primo tuo ad Parrhisios accessu aliquid (quod tuo nomini asscriberetur) ex officina nostra foras exiret. Quocirca omnes extemplo laxavi

habenas et quid hac tempestate in his gallicanis oris inauditum, et in
aliis forte plærisque plagis ac regionibus non passim tritum me ipse
sciscitatus sum. Porro exquisivi confestim, accurateque investigavi;
at vero nihil plane, quod tuo nomine insigni ac gloria tua percelebri
dignum foret apparebat. Ni tandem biblia hebraica præ oculis sese
ipsa forte cellula in bibliothecaria antea recondita obtulisset osten-
tavissetque. Quam ubi animadverti ex tempore venit in mentem viam
ad illam tam antiquam (quæ nobis diu præclusa fuit) tamque veterem
paginam aperire non inutile fore, quodque vetus erat id novum efficere. Et ita demum sicuti ad græcam et cætera id genus græca volumina tramites in divinum tuum honorem, et gloriam perpetuam
atque immortalem hactenus in hac inclyta Parrhisiorum academia
demonstravimus. Nunc vero itidem ad hebraica pateant necessum
est... Quibus dialogum sane ac breve quoddam, succinctumque de
Judeorum ritibus obiter eos memorando compendium, veluti præ-
ludia his primis rudimentis præponere non indignum fore existi-
mavi... Hæc itaque prætexere duxi augusto tuo nomini ac perpetuo,
quanti plurimi ea feceris, tanti (Pol) estimanda dicaturus, et aliqua
demum græca (quæ non forte venient a studiosis vilipendenda) sub-
nectere. Quantumque eorum quisque in his posthac profecerit, eum
velim exoratum tibi tantumdem referat adscribatque. Et operam
denique meam omnem, omnemque laborem in te, qui hujus occasionem prebuisti, qui mihi stimulus, qui calcar fuisti, constituat ac
collocet. Ego vero te tui Francisci memorem aliquando noscam,
enixe ac suppliciter oro. Tui (inquam) Francisci memor, vale, incly-
tissime princeps[1].

DIALOGUS.

Prothumopatris et *Phronimus*.

... Pro...[2]. Ab ineunte ætate eum [Franc. Tissardum Ambacæum]
in primis amavi, eumque ad ocia litteraria suscitavi et ab aliis quibusque (ut potui) semper diverti. Egi itaque ad Parrhisios primum ex
Ambacis eum comitatus, ubi et litteris humanis porro et dialeticis
insudavit, forte et alsit nonnunquam, deinde Aurelium, ubi pontifi-
cum institutis simul ac imperatorum imbui eum contendebam. Sed
ubi primum eum quas voluptates Aurelianas prius ad ea tempora
despexerat,... eum (inquam), ubi illa paulatim immatura præ etate juve-
nili ea quæ naturam oblectent gliscente subolfacere intellexi, continuo ad tertium (si memini) septembrem agentem illic vitam abigere

1. Fol. 1 v°-2 v°.
2. Fol. 8 v°.

cœpi, eumque velut ex Syrtis et Carybdis voragine extemplo eripui, subduxi, nequaquam pati naufragium tuli, verum illinc protinus in oras Italiæ transalpinas eum transvolare suscitavi. Quem Ferrariæ sub Guarino Veronensi, salva ne dixerim Philippi Beroaldi pare (quem ipse quoque nonnunquam postea in Bononiensi auditorio succisivis horis auscultaret persuasi), necnon et Calphurnii, Patavii publice tum humanitatis artem, in dicendo quam maxime, profitentis, et cæterorum aliorum virorum disertorum eloquentissimo annum militare mihi in animo sedit juxta græca cum latinis conjungere. Eum enim Demetrio Spartiati Helenæ quidem civi et viro tum doctissimo, tum disertissimo, facile commisi. Postremo jura subinde prosequeretur et pontificia et cæsarea, ut in utroque foro patriæ tandem posset prodesse, institui, ubi his disciplinis triennium degit. Qui simul ac demum Ferrariense gymnasium pestem labefactare cerneret, Felsineum vero (cui Bononia nomen est) præ cæteris quibusque optimis florere audiret, illuc protinus (me comite) sese contulit...

... Ad hæc jureperiti multi quibus uti Gallia possit perfacile. Ii vero pauci qui et græcas et hebraicas litteras docere queant. Non ergo eas deperire nobis sinendum est, nec propterea tamen eum volo juribus desistere, sed horis diei præcipuis et studio magis commodis convenientibus ac congruis multum ac diu insistere, et instanter ac totis viribus operam navare commoneo atque hortor[1]...

... Verumtamen iis vel humillimis (quæ prima earum linguarum sunt rudimenta) contenti, veluti quid novi Parrhisio cœtui scholastico afferentes, miris eum afficiemus oblectamentis, ob græca quidem gaudebunt, at vero ob hebraica admirabuntur[2]...

Ad illustrissimum ac serenissimum principem Franciscum Valesium, Valesiorum ducem et Angollismorum comitem, Francisci Tissardi Ambacæi de Judæorum ritibus compendium[3].

Fama tametsi levissima nuperioribus diebus...

... Cæterum aliquo te (quod non esset vulgo tritum ac passim vulgatum) donare optabam... Deinde græcas jamdudum litteras (quarum primicias nostras habes) me primum apud Gallos palam impressioni tradidisse, nuncque apud Parrhisios vulgatas haberi, eoque nec in illis animum sistere duxi... hebraicæ quoque mentem subiere. Quibus neminem hactenus gentium manum apposuisse in his saltem Gallicanis oris habeo exploratum[4].

---

1. Fol. 12.
2. Fol. 14 v°.
3. Fol. 15 v°.
4. Fol. 16.

... Etenim Ferrariæ pentateuchon ductili calamo eleganter, latis quidem ac spaciosis characteribus a centum annis citra Parrhisiis in grandi proceroque volumine scriptum in eorum [Judæorum] templo ac synagoga ornatissime repositum vidi[1]...

... Eapropter haud inconsulto a Clæmente summo pontifice erat institutum, ut in hac inclyta ac percelebri universitate Parrhisia, sicuti vel Bononiæ, quod ibi (uti accepi) habent, idque observare coguntur, vel Oxoniæ, aut in Salamentino studio essent, qui stipendio vel regum, vel presulum in græcis, hebra[i]cis, arabicisque ac caldæis litteris mercerentur, fidem hanc deinceps amplius faciliusque propagaturi. Itaque, serenissime princeps, hanc provinciam, tuo nomine et gratia tui perlustrare perlubens assumpsi, ut aliquid quod cum novitate tum utilitate sit, studioso Parrhisiorum cœtui non minus quam aliorum placiturum depromere excogitavi[2]...

Ad dominum Tissardum Ambacæum, juris utriusque doctorem, græcæ, hebraicæ et latinæ trium linguarum callentissimum, Petri Corderii Parrhisini σχέδιον *et expromptuarium* δυοδεκάστιχον.

Gallia te solo Demosthenis, atque Josephi
    Et simul Andini verba Maronis habet.
Græca tibi jam sunt communia, et ora Josephi
    Calles, Vergilii verba canora gerens.
Nempe trisulca tibi lingua est, qua trinus haberis,
    Tres quia sub solo pectore condis avos.
Id superest, quo fama tibi est præstantior illis,
    Doctor es et juris dogmata sacra capis.
Hinc tua scripta docent quantum tibi Galla juventus
    Debeat, hac causa gloria summa tibi est.
Quare age, dum optatis avibus tua scripta manebunt
    Fixa diu tenero principis ore. Vale.
        Parrhisiis, pridie idus Januarias.
            1058 (*sic*)[3].

VI.

Préface de G. Aleandro aux *Opuscules* de Plutarque.

(30 avril 1509.)

Hieronymus Aleander Mottensis veræ philosophiæ in Parisino gymnasio candidatis s.

Quum varias essem linguas in hac inclyta Academia publice pro-

---

1. Fol. 17.
2. Fol. 22.
3. Fol. 89 v°.

fessurus, idque omnes fere (ut videre visus sum) non expeterent modo, verum etiam maxime efflagitarent, nihil mihi tam esse adversarium videbatur, quo minus nostris, et auditorum votis satisfacerem, quam librorum, eorumque græcorum et hebraicorum defectus. Nam hebraicos libros quum paucos ubique, tum in Gallia paucissimos, et præter quos in meorum studiorum usum, multa pecunia multisque laboribus hinc inde conquisitos satis mecum multos comportavi, vix ullos, puto, alios reperias, duos, tresve ad summum et eos aliunde petitos, quamquam magno apud se precio æstimant; mihi tamen videndi benigne copiam fecerunt nonnulli in hac urbe viri, quum aliis scientiis clari, tum hebraicæ quoque linguæ, nescio quibus usi præceptoribus, non parum periti. Cujus penuriæ illam fuisse causam facile existimarim, quod quum jam multos annos Hebræorum hominum commercia ignoret hæc regio, cessantibus ejus linguæ doctoribus, facile etiam volumina interierunt.

Græcos vero optimos illos quidem habemus ex Italia, et pulcerrimis characteribus informatos, sed eosdem propter ingens imprimendi et convehendi impendium tam paucos, eosque ipsos adeo caros, ut quum, quotcunque huc afferuntur, vix tribus quatuorve sufficiant græcarum literarum studiosis, nedum tot millium, quot hic sunt, scholasticorum numero : ne si majore quidem copia comportentur, multo, quam nunc, plures, qui eos libros emant, continuo inveniantur, quum ubique fere accidat, ut qui maxime studere velint, eorundem præclaris ingeniis optimisque desideriis non perinde splendida fortuna respondeat : immo contra, iis, quos penes est facultas libros sibi comparandi reliquaque ad studiorum usum necessaria, sæpius vel ingenium desit, vel sancta illa libido, qua omnes (modo vere homines simus) stimulamur ad navandam operam bonis literis. Quare ne cui studendi tollatur occasio, facturus precium curæ mihi visus sum, si ex optimo quoque græcæ primum linguæ auctore (nam hebraicæ typos nondum excusos habent impressores nostri) aliquod quasi specimen imprimendum curarem quibusdam characteribus, qui prius in hac urbe habebantur, non multum illis quidem elimatis, sed quos tamen pro tempore speremus fore non inutiles. Quod hactenus feci in tribus hisce, quos latine exposituri sumus, gravissimi scriptoris Plutarchi commentariis, facturus itidem, favente humani generis assertore, in Homero, Euripide, Aristophane, Theocrito, Thucydide, Xenophonte, Demosthene, Isocrate, Platone, Aristotele, Hippocrate, Galeno, Ptolemæo, Nicomacho, Aristide, Luciano, Philostrato, Libanio, Basilio, Gregorio Nazianzeno, Joanne Chrysostomo, Damasceno, aliis omnibus, quotquot nostris temporibus reperiuntur, theologis, philosophis, medicis, mathematicis, oratoribus, historicis, et poetis : e quibus omnibus aliquid, ut primum fuerit impressum, enarrabimus, in nostram et auditorum utilitatem, semper cum græcis latina conjungentes. Quod ubi se facere gloriatur M. Tullius, Latii immortale decus nostræque eruditionis tutissimum exemplar, nihil aliud quam latenter idem nobis innuit faciendum. Qua in re illud inprimis præloqui volo me non anxie nimis eorum, quæ jam publicata a nobis sunt, fecisse delectum, quæque posthac publicabuntur, facturum : simul quia optima putamus omnia, quæ posteris a veteribus relicta vobis sum ipse traditurus, simul quia interdum habenda erit ratio impressorum, qui cum fere quæstui studeant, non tam facile, quidquid illis proponas, imprimere volunt, ac nisi quod modici sumptus indigum presentaneum secum ferat lucellum. Quorum tamen culpam præstare nolumus, nec debemus, si quæ nonnunquam offendent labeculæ studiosum lectorem, neque enim nos in hoc negocio opifices sumus, et alioqui consulturos boni speramus, qui hæc legent, si considerent peculiare fere hoc esse hujuscemodi artibus et præsertim impressoriæ. Quæ quamquam divinitus, meo quidem judicio, nobis data, quum tamen mortalium manibus tractetur, per tot adminicula transeat, tot mutationes, priusquam vel unum versum imprimas, patiatur, nihil mirum, si sæpiuscule, quod vix ipsi nos homines evitare possumus, errores incurrat. Quos tamen in nostris his libellis (nisi me fallant ii quibus injuncta ea cura fuit) neque nimis frequentes, neque (ut spero) inexp[i]abiles, partim per se vel semidoctus lector castigabit, partim nos inter publice profitendum diligentissime corrigemus.

Cæterum tantum abest, ut hos labores ullius captatione gloriæ sumpsisse mihi videar, ut optime cognoscam (quid enim cognitu facilius?) et ingenue fatear rudimenta esse hæc minima ad studiosorum modo temporarium usum excogitata. Debetur in ejuscemodi negociis gloria perpetuæ immortalitatis Aldo Romano, præstanti moribus et doctrina viro, qui quum, editis in lucem optimis et eisdem pulcerrimis diversorum auctorum libris, græcam prius linguam pene interemptam restituisset, nunc latinam cum græca simul illustrat miro successu, facturus itidem in hebraica, nisi vere ferrea Musisque semper infesta bellica obstarent tempora. Hujus preclaris inventis hæc, quæ faciunt impressores nostri, non adsurgant modo velim, verum etiam eo a nobis animo suscepta credantur, ut hæc ad ea, quæ apud Aldum imprimuntur, facilius evolvenda rudibus quasi viam substernant. Nobis sane illud principio fuit institutum, ut non tam librorum copia, quorum hic penuria foret, quam per nostras prælectiones Academiam hanc variarum linguarum doctrina, et earum maxime quibus scientiarum arcana credita sunt locupletiorem redderemus. Quod fecimus hactenus privatim, et, ut publice faceremus, necesse habuimus impressores non solum stimulare ad græcos libros informandos, verum etiam interdum juvare. Quod si aliquando, quod intendimus, assequamur, quis non videt, non Galliæ tantum, sed et

Germaniæ, et Britanniæ, Hipaniis præterea ipsis hac in parte consultum iri, a quibus innumeri quotidie ad hanc urbem, tanquam ad amplissimum literarum emporium scholastici concurrunt. Sin vero minus contingat, nunquam tamen suscepti me pœnituerit laboris, quum laudi fere detur ardua quidem molitis, sed ad quæ pervenire natura humanæ conditionis non prohibeat. Verum, nisi me fallit opinio desideriumque hujusce rei magnum, sperare ausim, immo etiam constanter affirmare, non multo post fore, ut complures hujuscemodi libelli, non græcæ tantum linguæ, verum etiam hebraicæ, si non pulcre nimis, satis saltem castigate in Gallia imprimantur. Unde facile fiat, ut paucis nummis comparata sibi variorum librorum supellectile, habitaque ex nostris prelectionibus, quæ sua cuique scriptori est loquendi forma (quam ἰδέαν Græci vocant), unusquisque mox integros eosdem auctores nactus, per ipsos, immo per totam græcam linguam, et hebraicam, quæque illi vicinæ sunt, syriacam pariter, et chaldaicam, lato quasi campo libere queat decurrere. Quod quam jucundum, quam honestum, quam denique utile futurum sit homini christiano, sive is humanas, seu divinas literas profiteatur, illis considerandum relinquo, qui ut cognoscunt, sic fateri non erubescunt, ob earum, quas modo nominavimus, linguarum ignorantiam disciplinas fere omnes esse jamdiu fœdissime contaminatas. Magna sunt profecto quæ pollicemur, sed non caritura successu, modo vos ii sitis, qui ubi ingenioli et eruditiunculæ nostræ (quam etsi minimam, nullam tamen prorsus ut esse credam, non patiuntur doctissimi quidam viri, qui de nobis bene sentiunt) vires defecerint, vos diligenti studio in commune negocium incumbatis. Tum si mutuo amore, benignoque et frequenti auditorio Aleandrum vestrum, impressores vero ipsos exigua stipe demerendo, ad majora posthac adgredienda reddatis alacriores. Ad quod jamdiu quum videam vos inflammatos, idque apertis tantum non faucibus expetentes, si pluribus adhorter, vereor ne, quod Homericus ille sagittarius hortanti ipsum Agamemnoni respondit, unusquisque pro se vestrum facile in me contorqueat, paucis immutatis :

Ὦ φίλε, τίπτε με νῦν σπεύδοντα καὶ αὐτὸν ὀτρύνεις.

Valete.

XI.

Préface DE FR. VATABLE A LA *Grammaire* DE CHRYSOLORAS.

(13 juillet 1512.)

Barptolemæo Auriæ nobilissimo adulescenti, Lucæ Auriæ equitis aurati filio, Franciscus Vatablus s.

Quantam præ te feras indolem, generosissime Barptolemæe, mirantur plerique omnes, qui te norunt, quique tecum præsertim sanguinis vinculo aut consuetudine aliqua conjuncti sunt, inter quos sibi primum vendicare locum jure possit Augustinus Grimaldus, Grassensis pontifex, supra omnem honoris præfationem positus, amantissimus avunculus tuus, virtutum tibi ac eruditionis fulgentissimum exemplar, cujus ductu et auspicio ad hanc inclytam Academiam, ut pervigilem studiis navares operam, longis itineribus es perductus, ut quod natura in te bona inceperat, fœlicius arte consumaretur. Ubi romanis literis tota mentis alacritate desudans, non minus græcas quam latinas colere et admirari mihi videris. Qua in re, tui candorem ingenii non probare non possum. Recte namque existimas a nostris eisdemque eruditissimis posteritati relicta monimenta sine græcarum literarum adminiculo, aut non intellecta, aut prorsus intentata hactenus in situ delituisse. Quis enim adeo impudens est, qui hoc destitutus præsidio, Priscianum, Plinium, Senecam, aut Quintilianum (cui etiam oratorem, quem suscipit instituendum, a Græcis incipere placet) et cæteros id genus auctores inspicere, ne dicam legere, audeat? Quo factum est ut in Gallia ad nostra usque tempora optimi quique auctores, et philosophia ipsa, quæ tota græca est, atque theologia in tenebris jacuerint et carie adhuc deperirent, nisi numine (puto) divino literariæ reipublicæ hac in parte consultum esset, cum Hieronymus Aleander, vir quidem omnibus doctrinæ numeris, et morum integritate cumulatissimus et præceptor mihi semper observandus, quem nemo satis unquam laudaverit, in Galliam sese contulit. Quam nunc dum suis doctissimis, cum privatis tum publicis, utriusque linguæ prælectionibus, reddere curat illustriorem, hoc vel uno maxime studiosos (quibus plerumque splendida non arridet fortuna) juvare voluit, quod libellos græcos, quorum maxima nos alio qui urgeret penuria, typis excudendos tentaverit, tali profecto in his usus sedulitate, ut posthac possit Gallia nostra bonas literas Italiæ non invidere. Verum interim quotidiano ferme convitio, efflagitantibus bibliopolis ut prius impressa Chrysoloræ *Erotemata*, nunc inventu perrara, paulo limatiore charactere efformanda traderet, et mendas quæ inter cudendum accidunt, expungeret, quum Hieronymus, præ nimio literarum studio cui plus satis deditus est, forte malo in adversam valetudinem incidisset, id negocii, non mea utique fretus doctrina sed fide ac diligentia, mihi credidit, ut hoc saltem pacto bonarum artium cupidæ juventuti prodesse non desisteret, quam sane meis imparem humeris provinciam haud unquam subiissem, si a quoquam alio mihi commissa fuisset. Accessit et alia ratio, qua in hanc sententiam facilius adductus sum, quod tibi (quem nostræ institutioni a propinquis creditum esse, in parte non parva fœlicitatis meæ pono) cæterisque græcarum cupidis literarum, me rem gratam facturum non diffido, si hæc grammatice cum in tuas, tum in cæterorum hominum manus, quam emendatissima veniat. Hoc autem quicquid est opusculi, generosissime adulescens, tuo nomini dicatum, ea fronte qua datur, suscipias velim, posthac meliora suscepturus, si hæc successu fœlici non caruisse cognovero. Vale. Ex Lutecia Parisiorum, quarto calendas Junias.

XIII.

Préface de G. Aleandro a son *Lexique grec-latin.*

(13 décembre 1512.)

Aleander lectoribus s.

Scio plærosque expectaturos, quod et locus ipse poscere videretur, ut aliquid de hoc opere diceremus atque illud inprimis quam sit liber hic adcommodus græcas literas discere cupientibus, quam literæ græcæ cæteris scientiis necessariæ, et (ut detractoribus probabilis maledicendi tollatur occasio) quam nullius captatione gloriæ, in nullius alterius invidiam aut damnum, sed solum communi studiosorum utilitati prospicientes hoc opus curaverimus imprimendum. Quæ omnia in præsentia omittimus. Nam hic liber (ut spero) se ipsum canet, literas vero græcas si commendare apud eos velim, qui optime de illis sunt persuasi, viderer curiose nimis, ne superflue dicam memores monere, apud eos vero, qui aliter sentiunt, neque temporis angustia, nec epistolæ modus satis pro dignitate id facere pateretur. Id autem quod postremum dicebam, et scio a nonnullis mihi objectum iri, ut qui putent in sui invidiam, ac non potius Academiæ nostræ necessitate cogente hunc librum fuisse excusum, non possum melius quam synceræ conscientiæ testimonio non ineptam minus quam non veram istorum criminationem refellere. Proinde, omissis cæteris, illa potius dicamus per quæ nonnullorum juvenum, qui in hoc libro subincude castigando laborarunt honoris ratio habeatur, sic enim et illi merita laude non defraudabuntur et alii hoc exemplo permoti ad similia, vel etiam his majora adgredienda concitabuntur. Igitur scias velim, candidissime lector, impressoria rudimenta, quatenus in hoc libro græca latinis sunt permista, Michaelem primum Humelbergium, mox Joannem Robinum, et, his in patriam decedentibus, Michaelem Boudrium et Joannem Conellum, quæ vero tantum græca sunt, Carolum Brachetum, omnes Aleandrinos discipulos, prima quadam et crassa (ut aiunt) dolabella enodasse; indici præterea addidisse numeros Joannem Conellum, nonnihil ab Ivone Cavillato, et ipso Aleandri sectatore, adjutum. Porro Aleander ipse omnia fere postrema specimina recognovit, præterquam indicis, quem unus Conellus castigavit, Aleander alibi occupatus ne semel quidem inter imprimendum visere potuit. Qui omnes oratum te velint, lector æquissime, ne istas impressorias labes sibi adscribas, quod te facturum non ambigerent, si quam misera sit in hac urbe græcæ impressionis conditio cognosceres, quando, præter impolitiam, tam parvo etiam numero characteres invenias, ut (quod mercatorum vel negligentia, vel avaritia facit) non solum unam alteramve literam intercudendum aliquando omittere, sed et totum opus plusculos dies intermittere necesse fuerit. Quid de voculationibus dicamus aut furtivis notis, quas abbreviaturas vocant, quarum hæ prorsus nullæ erant, illæ vero deformes et tantum apposititiæ. Unde sæpenumero adcidit, ut versus et paginæ fierent inæquales, et, si quem ex accentibus perperam in versu locatum reponere vellent artifices, tota cæterorum series facile laberetur, ut, nisi majorem studiosorum hoc libro carentium quam laboris nostri quamvis intolerabilis rationem habuissemus, fuerimus sæpiuscule pedem a negocio retracturi. Et tamen in re tam difficili ita sedulo laboravimus, ut non multa (ut spero) sint, quæ quantum ad castigationem adtinet, in hoc opere desiderentur, et ea profecto tantum, quæ vel rei difficultate, vel sua imperitia, vel (quod potius crediderim) obstinata quadam perversitate, etsi ter quaterque a nobis castigata, reponere tamen artifices recusaverunt, quasi de condicto omnes fere id faciant, ut semper aliquid supersit, quod hujuscemodi nebulonum inscitiam, etiam corruptæ tam præclaræ artis pædorem (ut ita dixerim) redoleat. Ne putes enim Aleandrum tam male cum græca lingua conciliatum, ut quibus dictiones literis scribendæ, quibus accentibus modulandæ sint, nondum cognoscat. Sed jam omnia hæc in melius rediguntur, nam et accentus, non ut antea, temporarii literis perpetuo adhærent, et furtivæ notæ quotidie exscalpuntur, et, favente Deo, nihil posthac fiet in aliis libris non ad amussim. Quod si, omissis pulchræ impressionis phaleris et picturis, rem ipsam diligenter consideres, invenies profecto hoc nostrum vocabularium sive ordine, seu copia, seu additi numeri commoditate, est ubi et castigatione cæteris, quotquot hactenus impressa sunt, antestare. In summa quidquid id est boni, quæso, consulas, et subinde illud tecum repetas succurrisse nos uni (ut diximus) necessitati, qua si quis prematur, non minus gratam interdum habeat sibi oblatam crassam aliquam sisyram aut endromidem, quam alias suffultam preciosissima marte holosericam vestem. Quod vel Ptolemæi exemplo comprobari potest, cui, quum peragranti Ægyptum comitibus non consecutis cibarius in casa panis datus esset (ut verbis Ciceronis utar), nihil visum est illo pane jucundius. Vive, vale, lætus et felix, bone lector.

Lutetiæ Parisiorum. M. D. XII. vIII. Cal. Januarias.

XVII.

Préface DE C.-H. DESCOUSU AUX *Idylles* DE THÉOCRITE.

(1513.)

Hieronimo Aleandro Mottensi, viro trium linguarum doctissimo, græcas Aureliæ litteras profitenti, Celsus Hugo Dissutus Cavillonus Celta, eorumdem necnon et hebraicarum apud Parrhisios interpres, s.

Doctrinam et eruditionem tuam admirari solent hi potissimum, Aleander doctissime, qui sese (quantumvis eruditi sint) tum existimant demum multo doctiores, cum viri cujusvis, non minus docti quam studiosi quovis litterarum munere, animum sibi devincire possunt. Ego igitur, mi Aleander, cum te non tam litterarum amantissimum quam litterarum doctissimum cognorim, non potui non ad te scribere, idque presertim cum Paduæ sim jampridem tuo contubernio frætus, et hæc tui Theocriti opera nostro labore impressa tuo nomini dedicare, ut tua videlicet auctoritate munita libere in publicum prodirent et vipereos maledicorum oculos minime formidarent. Rem igitur gratissimam mihi feceris si hæc (modo tu ipsa approbatione digna putaveris) probes; quod si feceris, et te mei laboris amantissimum testaberis et me ad cætera omnia que tu desideraveris propensiorem alacrioremque reddes. Vale et me, ut soles, ama.

XVIII.

Préface DE CH. BRACHET AUX *Dialogues* DE LUCIEN.

(Vers 1513.)

Carolus Brachetus Francisco Deloino, optimo et doctissimo juris utriusque doctori, et senatori Parisiensi meritissimo, s. p. d.

Quod tantis precibus tantisque votis optaveram dari mihi aliquando, ut tibi pro tot tantisque in me beneficiis, vel minimam gratiam referre possem, id oportune profecto sese mihi offert. Nam si bono agricolæ non ingratus ager fruges debet, si ipse agricola spiceam Cereri coronam, si Baccho vinitor primos racemos, quibus non preclara solum hec inventa, sed et divinos honores supersticiosa tribuit antiquitas : cur non merito tibi nostrorum hæ laborum primitiæ debeantur? quem ego non modo in omnibus studiis hortatorem verum etiam ut græcas literas (quibus sine cætera studia manca esse nunc demum sentio) inventorem habeo et auctorem. Memini ego, preclare memini, neque unquam diffitebor, cum superiore anno nonnulli rabulæ et meæ fœlicitatis maxime invidi patri meo persuadere conarentur, ne me græcis literis institui pateretur, quam fortiter simul et prudenter restiteris in faciem et eorum strepitus inanesque coaxationes solus ipse refelleris. Cujus auctoritate fretus, pater (is enim, ut sepe expertus es, non minoris sententiam tuam quam numen aliquod aut oraculum facit) et adversantium tela, quibus assidue impetebatur, retudit et in sanctissimo instituto constantissime perseveravit, tam diu permansurus donec exacta pueritia ad severioris ætatis indiga legum studia adgredienda sim idoneus. Neque id absque divino consilio tuo; audivit enim sæpenumero te prædicantem lavare eos laterem, qui illotis pedibus, id est sine humanitatis literis cæsareas leges, quibus nihil elegantius, nihil magis apposite aut proprie scriptum est, attrectare audent. Quod utique tibi credendum est, utpote qui in utroque studiorum genere inter nostrates facile primas obtines, ut vel hanc etiam ob causam tibi hec literaria nuncupatura merito deberi videatur. Nobis autem de victis hostibus trophæum erigere, immo verius serio triumphare licet. Nam illis mandamus laqueum mediumque ostendimus unguem. Disrumpantur eorum Ilia crepentque, dummodo hujuscemodi invidia perpetuæ gloriæ precipua mihi sit causa, virtus enim (ut præclare scripsit Seneca) sine adversario sæpe marcescere solet. Sed hujus rei exitum dii bene secundent. Quod si, ut precamur et optamus, successerit, cernes istos ἐπὶ τῆς ψυχῆς φέροντας τὴν Νέμεσιν, et præ invidia, non secus quam Nioben ferunt fabulæ, obstupescere. Quanquam homo christianus non ista inimicis imprecari, sed cum protomartyre potius, ut illis, quid faciant nescientibus ignoscat Deus, orare malo. Tibi vero, aequissime senator, hos labores quos in recognoscendo Luciano dum imprimitur sustulimus, et quos in prælegendo patiemur, alia fuit ratio dedicandi, quod et patri et Hieronymo preceptori, viro (ut scis) extra omnem ingeniorum aleam posito et tui nominis observantissimo, me satisfacturum spero. Qua in re nec defraudandus est suo honore Franciscus Watablus, juvenis et moribus et literis candidissimus, qui in castigando libro alternos mecum labores sustinuit. Et quoniam non defuturos susurrones non ambigo, qui non mirentur modo, verum etiam male vertant, quod ego tam teneris annis sic repente publicus prodierim græcarum literarum anagnostes : oratos omnes velim ne me condemnent priusquam condemnandum recte judicaverint. Namque et apud nos habitant dei (ut dixit Heracletus) speramusque, si non multorum iniquis auribus, tibi saltem et preceptori, plusculisque aliis bonis et doctis viris, quorum mihi quilibet pro populo, nos haud usquequaque displicituros. Quod si in iis primordiis mihi contingat, ausim, longa istis vitilitigatoribus salute dicta, majora posthac vobis polliceri. Vale, præsidium et dulce decus meum.

XVIII A.

Lucien, *Dialogues* (Strasbourg, 1515).

ΛΟΥΚΙΑΝΟΥ ΣΑΜΟΣΑΤΕΩΣ || ΘΕΩΝ ΔΙΑΛΟΓΟΙ. || Lvciani Samo-satensis || deorum dialogi || numero. 70. una cum inter||pretatione e regione || latina : nusq*uam* an||tea impre-||ssi.||.... || Joannes Schottus, Argentinæ || studiosius elaborauit, || Sed relectos iudica.||.1515. (Titre rouge et noir.)

Fol. 1 v°. Othomarus Nachtgall Argentinus, Joanni || Schotto municipi suo s.

Quum in hac urbe nostra Argentinensi, cui ambo vitæ huius initia debemus, omnis æruditiorum coetus ad graiam eloquentiam, veluti πρὸς τῆς ἀμαλθείας κέρας adspiret : conductoque aliunde præceptore Conrado Mellissipolitano, Erasmi Rotterodami discipulo, græcæ linguæ non indocto, avide admodum Theodori grammatica perdiscat : visus sum mihi opere precium facturus, si Deorum Luciani Samosatensis dialogos, ductu clarissimi viri Aleandri Mottensis, preceptoris mei, Luteciæ publicatos, græce sub tua impressoria incude, græcolatinos fieri curarem, quo græcitatis adhuc rudes, quasi ex mutis (ut aiunt) magistris, græci aliquando evadere possent. Est enim in illis mira quædam mixta urbanitate facilitas, neque leporis minus... Denique ad græcæ linguæ intelligentiam venandam, mirum in modum sunt accommodati. Teste vel uno non tam Germaniæ nostræ, quam totius orbis splendore Erasmo Rotterodamo, qui in hoc libello quem de Ratione studii inscripsit, quum de authoribus græcis, in quos protinus incidas, quippiam admonuisset, Luciano nostro primas partes tribuit... — Ex Viridario S. Joannis Argentinensis.

(Petit in-4°, 84 feuillets non chiffrés; signature a 2-x; le texte grec est au verso, et le texte latin en regard au recto de chaque feuillet; traduction mot à mot, ligne pour ligne.)

XXIV.

Préface de J. Musurus aux *Sentences des sept sages*.

(Avant 1517.)

Jacobus Musurus Rhodius longe verendo in Christo patri D. Joanni Oliverio, Divi Medardi Suessionensis abbati dignissimo, regioque chronographo prudentissimo, omnifaria disciplina, tum græca, tum latina cumulatissimo, cum omni veneratione s.

Cogitanti mihi ac sæpius mente revolventi literarum græcarum studia cunctis sedulis rectarum disciplinarum sectatoribus non parum adjumenti, ne dicam consummationis afferre, o præsulum insigne specimen, Oliveri, lectio jamdudum græcanice grammatices Theodori Gaze, ac etiam Chrysolore Manuelis utilissima sane ac penitus necessaria philogrammateis enucleanda sese obtulit : quam quidem et nobis et reliquis insuper omnibus aliquando profuturam speramus. Porro, non his contenti progymnasmatis, altiora quedam rimari cepimus, que et emolumento simul et voluptati auditoribus essent, que etiam ad mores ac virtutes facerent, quum statim septem illorum græcorum sapientum (quos σοφοὺς vocant) saluberrima Apophthegmata, symbolumque nobis occurrit Pythagoricum, in quibus quidem quantum quodve habeatur doctrinæ neminem latere putaverim. Sane ubi sedulius his legendis immoror, plura manca ac minus castigata comperi, verum non prius eorum intermisimus lecturam ac studium quam emunctiora ac castigatiora a nobis prodirent. Cæterum, quum impressioni ea tradere esset animus (opus ut ad justam prodiret mensuram), tabulam Cebetis Phocilidisque aurea poemata his consulto adjunximus. Hæc quoque nostra primitialia immaturaque studia quantulamcumque etiam operam tuæ benignitati (cui plurima ac majora me debere profiteor) φιλόφρων φιλοφρώνως dedico, majora tandem (Deo suffragante) suscepturus, que quidem, antistes σοφώτατε, sub tuo prodibunt auspicio. Vale, presulum splendidissimum jubar, Musuri tui memor.

LETTRES DE TISSARD ET D'ALÉANDRE.

I.

Préface DE FR. TISSARD A SA TRADUCTION LATINE MANUSCRITE DE LA *Médée*, DE L'*Hippolyte* ET DE L'*Alceste* D'EURIPIDE [1].

(1er avril 1508.)

Illustrissimo ac serenissimo principi Francisco Valesio, Valesiorum duci et Angolismorum comiti, domino suo metuendissimo, Franciscus Tissardus Ambacæus, utriusque juris doctor, s. p. d.

Suasus sæpenumero et a complusculis rogitatus ut aliquid e græco in latinum translatum posteris relinquerem, multum ac diu reluctatus

---

1. Bibliothèque nationale, ms. latin 7884. Exemplaire de dédicace, aux armes de François, duc de Valois et comte d'Angoulême, depuis François Ier. Ce volume, composé de 107 feuillets de parchemin, mesurant 265 millimètres sur 195, est recouvert de velours et provient de l'ancienne bibliothèque de Fontainebleau. Il contient la traduction latine par François Tissard de trois tragédies d'Euripide : *Médée, Hippolyte* et *Alceste*, précédées d'une épître dédicatoire et d'une prière à la Vierge en grec et en latin.

sum, nec ullis unquam aut suasionibus aut precibus flectebar, nec movebar quidem, tametsi rationibus vehementibus et proculdubio satis energiæ sapientibus ac urgentibus pene, quibus non parum subnexæ multorum preces persuasioni fuissent, ni et suis rationibus aliquas contrarias in promptu habuissem.

... Nonnulli enim Esculapidarum genere ac Hippocraticam sectam publice profitentes hoc nonnunquam (quum illis aliquas quandoque lectiones traderem) me poscebant, quo facilius ad illos percelebres ac famigeratos doctores græcos, Platonem, Aristotelem, Hippocratem, Gallenum et cæteros hujuscemodi perinde se atque ad Pythii Apollinis oracula ex latinis transferrent, quod interdum mihi asseruerint eorum doctrinam mancam et ob varios intellectus variasque sententias et opiniones violatam, temeratam ac pessum ituram, ni brevi ad hos veluti ad fontem atque originem illius artis pateret aditus.

... Veruntamen facilius multo quibusdam et plane multis humanarum litterarum publice in hac candida Bononiensi universitate (quæ doctæ Athenæ merito nuncupari possunt) professoribus assensum præstiti et in eorum pedibus (ut inquiunt) sententiam ivi, qui aiunt aliqui quidem linguam latinam ebetem absque græca esse, quidam vero altera tantum ornatum et præcipue latina (quod magis græcæ locutionis indigeat ipsa, quam contra, quanquam altera alterius auxilio eget) cæco comparant, quod assidue tanquam cæcus anceps ac hæsitabundus originis ignorantia nutet; alii autem græcam latinæ materiam affirmant, quum verborum eloquium sententiarum profluvium illinc emanarit, defluxerit. Unde enim philosophia nedum naturalis sed etiam moralis originem traxit, nisi ab illis insignibus græcis Aristotele et divino Platone ejus præceptore, Socrate quoque utriusque qui et philosophiam moralem cœlitus in terras dicitur revocasse? Unde medicina? Unde theologia? Nonne sacrarum rerum ac divinarum nuncii (quos ex græcis evangelistas appellamus) græcis characteribus scribendo nos edocuere, et fidem in Testamento veteri figurate traditam lingua hæbraica retexere nobis, claramque ac elucidatam reddidere? ut testatur in epistola ad Damasum papam et ubique Hieronymus ille, tutissima fidei nostræ columna, qui merito trilinguis nuncupari posset, quod illas tres linguas hebraicam, græcam, latinam optime et quam facillime calluerit. Quid memorem et in jureconsultorum legibus quasdam græcorum insertiones centum circiter et quinquaginta, quas quidem nuper etiam leges integras, quæ nobis deerant, dominus Ludovicus de Bologninis eximius utriusque juris doctor ex Pandectis Florentinis solus ab legum promulgatione fertur excerpsisse? Necnon et Auctenticas græcas cum variis titulis nobis temporum edacitate deficientibus, ipsomet mihi pandente, vidisse testor, quæ brevi ipso in lucem emittere pollicito palam prodire reor.

... Veruntamen semper sententiæ Baptistæ Guarini Ferrariensis, olim præceptoris mei colendissimi, et in universo orbe famatissimi et in utraque lingua celebratissimi, adhæsi, qui, quum sub ejus acie aliquandiu meruerim, nostros græcorum sermonum vacuos appellari monoculos ab ipso nonnunquam audivi... Quocirca... monuere me sæpius profitentium plerique ut aliquod opusculum in lucem ederem e græco in latinum ad verbum versum, uti tum studio suo proprio, tum publico scolasticorum cœtui consulerem. Suscitabant præterea me ob gloriam patriæ, meapte fama, et honore proprio simul ac utilitate me stimulabant. Nihilomagis tamen me perciebant, non fama, non honor unquam tangebant, nusquam utilitas, sola me patriæ, illarum videlicet tuarum Ambacarum celebrium atque divinarum, gloria titilabat.

Sed quum mecum aliquotiens versarem quid meæ vires, quid valerent humeri necnon et studia mea utriusque censuræ onus graviusculum et provintiam nimis difficilem animadverti. Quare hunc fascem humeris imponere renixus commoditatem temporis abesse respondebam. Illis tamen opera mea indigentibus perlubenti animo singulis private pollicebar præstare. Plane nec ex quattuor alius de alio noverat quicquam, neu illorum famam (quæ jam passim volitabat ob sua opera jam edita et commentaria græcis ubique perfusa in lucem emissa ad hæc et propter publicam eorum professionem) me veluti novum ac ignotum, quod Ferraria recenter huc appulissem, denigrare suspicarentur, crederent. Ita, hercle (ut verum fatear) Musæ per ministros suos hactenus me foverunt, ita me paverunt, fuit tamen tandem aut conjecturis, aut tempore, aut fama aliquandiu post detectum...

... Utcumque tamen fuerit tandem in lucem prodiit, nihilominus et posthac assidue, aliquantisper nonnunquam etiam tametsi invitus idem pene exercitium adhibui, vel amicis interpellantibus, vel meamet urgente necessitate, cujus quidem nec pudet sane, nec piguit unquam ingenium exercuisse. Demum temporibus sibi invicem succedentibus, quum ad æstatem proxime defluxam elapsamque, eodem fere semper tenore observato, subrepsissemus inter studendum quibusdam juris cæsarei lectionibus a doctoribus ac præceptoribus nostris colendissimis et facile excellentissimis legendis ac interpretandis, in studiolo interea nostro extemporanea subitaneaque cogitatio adeo me perinde ac telo quodam perculit, adeo me instanter interpellavit et interpellanter institit, ut nescio quod magnum, nescio quod difficile, nescio quod arduum, vix licet imperfectibile, non exegissem... Te enim in primis præ oculis statuit, Euripidis tragœdias in mente effigiavit, necnon et aliquas illarum a me interpretandas esse mihi jussum est, hinc parentum benivolentiam conciliatum ire, his quoque facilius conniventibus me hic aliquanto diutius permanere. Hæc sunt quæ omnia simul in mente repræsenta sunt... Itaque hoc spiritu correptus extemplo tragœdias jam in pulpitis nostris pulverascentes accepi, et memet ipse totus admirabundus ac pene stupidus consului... Quocirca id quod unquam multi multis persuadere exhortationibus nequiverunt, sola illa ac unica animi instigatio efficere concivit, pepulit, coegit. Primum tamen illorum post votis morem gerendo ut verbo verbum fideliter unumquodque redderem, nec constructionibus quibuspiam rudibus nimis ac nimis asperis terrerer, quæ non multum eleganter nec sine figura dicendi in latinum possunt ad verbum verti, primam tragœdiam et secundæ dimidiam æstate superiori obsequens illorum voluntati traduxeram, more Boetii, viri suo seculo doctissimi, qui rite singula quæque verba quin et παραπληρωματικὰ seu repletiva transtulit, quæ, ut refert Moscopulus, μέτρον ἢ κόσμου ἕνεκεν παραλαμβάνονται. Quæ videlicet metri vel ornatus gratia a Græcis quidem accipiuntur, apud Latinos vero supervacanea esse omnibus qui similes traductiones viderint satis exploratum habetur, quæque quendam etiam auribus strepitum solent efficere atque sensus quandoque prope inextricabiles vel difficiles reddere, qui tamen apud Græcos clari, luculenti ac dilucidi perspiciuntur. Prodest tamen hac tempestate talis tamque severa trallatio his qui græcis insudare decernunt, quandoquidem magis illorum utilitatis esse quibus traducitur quam eorum qui traducunt censeo, quippe qui traducendo nulla prorsus nec voluptate nec delectatione fruuntur, sed labore et molestia..., tamen amicis obtemperare et publicæ scolasticorum neotericorum quidem utilitati consulere quam mihi ipse malebam.

Veruntamen ubi primum litteris quibusdam patriis tertio nonas decembres te desyderare accepissem, mihi visum fuit longe congruentius illos græcanicos loquendi modos, qui saltem vix latiali sermone tolerari potuissent vel qui duriusculi forent, aliquatenus variare permutareque, nec unicum tantum verum plures ac vetustos codices imitatus... Quin et non parum quidem hi possent proficere et sine præceptore qui græcarum litterarum studiosi essent quique hæc latina græcis conjungerent, modo prius aliquantulum et pauxillum quidem illa παραπληρωματικὰ, ac constructiones græcas didicissent, quod facillimum profecto unicuique foret, qui grammaticis græcis paulisper operam navasset... Non dissentaneum mihi apparuit... opusculum illud quamquam illimatum adhuc, nec undequaque tersum, nec politum tibi committere, quoniam judicio ac censuræ egregii præceptoris tui Francisci de Mollinis alias concinniora emunctioraque pollicendo submitto. Quæ si Minervam tuam lubenter acceptasse, et acceptanter tractare et tractando libare accepero, expecta brevi alia quæ forte maturiora gustui tuo videbuntur. Sunt enim hæ primitiæ nostræ quas tibi dicamus, ne saltem abortum fecisse videamur; prioribus etenim partus posteriores maturiores fœcundioresque multo esse solent, tanti tamen erunt, quanti illa estimabis. Vale, princeps fœlicissime. Ex Bononia, calendis aprilis.

II.

Lettre de G. Aleandro a Alde Manuce[1].

(23 juillet 1508.)

Salve et cetera. Per Rado presente corriere che vien de Engelterra, et ne fa presa, vi scrivero al bisogno dele cose che me parerano piu necessarie, un altra volta vi scrivero di altre cose. Le mie capse non sono ancora venute; perho non vi transcrivo cossa alcuna dele ordinate. La fortuna mia vole cussi. Io non ho facto ancor principio alcuno perche non sono venuti li libri. Et ben che me sia sta servito de molti libri, cossi græci como latini, non di meno monsignore Budeo non mi consilia che jo tegna adesso tal via, perche molta turba di seminudi et pediculosi scholari ce sarebbeno; ma guadagno poco; pur me ha dicto che acconciara le cose mie bene, et interim adunara alcune persone degne, si che le cose, spero, andarano bene quanto al guadagno, perche, quanto al nome (se nome se fa per questa via), gia molti homini degni et altri ce cognoscono, et nesuno di grandi accepti. Ma se bene non se guadagnasse, jo ho trovato un' altra via, laqual e di sorte che spero di non me pentir di essere venuto in Franza; che e che jo, di et nocte, do opera alli studii delle arte per bona forza et questo basti, che spero che al tempo del' Academia faremo ancora qualche cosa dela via peripatetica et dele mathematice. El Fabro e nostro duce, et altri homini degni. Et che la via ci sia per essere compendiosa, et di quella che messer Ambrosio vole, credo che l'habiamo trovato. Et doliomi che a Venetia non me ne fruai bene el nostro messer Ambrosio, alqual molto me recommandate.

Dapoi disnar jo lezo una lectione ad alcuni homini da bene in græco, et altri me instano assai che jo li leza le *Erotemate*. Tamen fin hora non havemo facto altro, per che non sono *Erotemate* di Lascaris in questa terra, et jo non volio pigliar la fatica per uno o per doi, perche vorei far una classe di 15. over 16. ad un tracto. L'e vero che in

---

1. Bibliothèque du Vatican, ms. latin 4105, fol. 315. Cette lettre a déjà été publiée par M. P. de Nolhac, *les Correspondants d'Alde Manuce* (Rome, 1888, gr. in-8°), p. 65-69. Extrait des *Studi e documenti di Storia e Diritto*, 1887-88. Cf. la *Revue des Études grecques*, 1888, p. 61-67. Nous en reproduisons ici le texte d'après une photographie de l'original.

questa terra hanno stampito l'*Erotemati* di Chrysolora dal typo di
Regio et Theocrito; le letre in men sono facte qui et ancora che jo
non le habia viste, tamen credo che non siano ne belle ne bone; pur
per el bon mercado costoro le voleno, che non curano altro in questo
mondo che spendere poco. Loro volenno che jo li instituisse con quelle
Erotemate, jo li ho præposto quelle vostre per essere et melior via
et per etc. Perho parlate con messer Andrea, et fatte mandar ogni
modo piu presto che si pote, o per la fiera proxima da Lion, o ancora
avanti : *Erotemati* de Constantino, al meno 12; *Lexicon*, 6; Luciani, 6,
over piu; et qualche altro libro che vi para, tanto che se faza una
capsa, per che jo ve li faro spazar tuti, spero. Intra li altri mandate che
me ha ordinato uno zentilhomo a posta : Aristotele *de animalibus*
græco, Theophrasto *de plantis* græco, Aristophane, et altri libri che,
azoche l'habiate in ordine, vederete in la lista.

Et perche questo Zanpietro li vende un ochio di homo, et non si
spazano cossi facilmente et multi de tentrente, so vi dire che lo chia-
mano el Zudeo, elqual ha venduto ad uno zentilhomo di qui li *Epi-
grammati græci* vostri ducati 11, soldi 10 di nostra moneta, ad tal
che me e stato forza redrezarli in speranza, laqual prorsus haveano
abiecta. Et comminciavano a far una secta con un Francese che sa
græco et faceano stampar, ut supra. Tamen li ho ropto el desegno.
Et credo che collui piu non leza; ne lo cognosco, senon per nome,
che si dice, credo, Francesco Tisardo.

Perho jo vorei che fesce far una capsa di libri et mandarla con la
lettera directa ad me in el Collegio Cardinalis, che e vicino a casa
nostra, et el principal di epso studie greco; per che jo con quello
animo che vi porto, veliar diro et rendarovi li vostri danari al modo et
ordine che me darete che [scri]verete el vostro conto al modo de li.
Et faro alquanto medesimo mercato che m[esser] Zanpiero, perche,
per Dio, el besogna; et del guadagno plus oltra la venditione [che] si
fa ad Venetia, parte si expendera in la spesa, et parte jo guadag[nero],
per che, per Dio, non si fa grassa di guadagno.

Crede mihi, perche in questa terra sono tanto usi a pagar li maestri a soldi, che li aggrava dar ducati cossi [in] libri como in maestri
di græco. Et perho besogna che se adiutamo per ogni [caso], per che
χεὶρ χεῖρα νίπτει. Et poi piu oltra fretus tuo consilio jo non li caz[ono],
ne ancor ho toccato soldo, perche li vado tirando in la stupa. Et poj
qualche [cosa] sara un zorno, pur che si viva. Et perche siate certo
voj e messer Andrea che jo non vi volio aggabar, la magnificentia di
messer Piero Lion ve parlara ov[er] messer Andrea, perche la sua
magnificentia li fara ogni seguri inde quanto di dicti libri che voi
mandarete, che del vendere di epsi vene rendero bon computo, ben
che, credo, et non besogna tante pezarie con mi che son di casa vos-
tra, et che ho qualche cosa in terra di Veneti, quum sit che ve fidate

di quello modico che sia in Polana alienigena. Se voj me li mandarete, me accendero mi a far che sene spaci, per che fara ancora per mi, benche ad ogni vostro [man]dato sum per esser sempre obediente, et cossi di mio patre messer Andrea, se besognara, jo ve faro responder di danari sempre deli per la sua magnificentia quanto nui venderemo; advisandovi che in questa terra molti sono librari che volentieri se intricariano con voj, tamen ego sum præferendus. Del mio debito per Dio, quum primum jo guadagni, ve satisfaro, jo e deli ducati.

A messer Erasmo et tuti di casa et di fora amici me recommandate, alliquali non s[crivo] per che el tempo non mi lassa, si per la lection che jo expecto como per el corrier [el]qual profecturit.

Vale. Parisiis, M. D. VIII. 23. julii.

T[uus] ALEANDER.

(*Au dos :*) Excellentissimo domino Aldo Manutio Romano, patrone observando. Venetiis, a San Paterniano.

III.

Préface DE G. ALEANDRO A SA *Grammaire grecque.*

(1517?.)

Hieronymus Aleander bonarum literarum in urbe Lutetia studiosis s.

Quemadmodum ii, qui magnum saltum facere nituntur, aliquanto longius retrocedunt, ita et nos per plusculos jam dies publicas intermisimus lectiones, non profecto ut veternoso ocio torpesceremus, sed ut recuperata integra valetudine, ad prestinum officium vobis rediremus alacriores. Neque tamen interim turpiter cessavimus. Nam præter cum publica tum privata negocia, quibus non parum distinemur, non omnino longa literis salute dicta, aliquid quotidie nostris contubernalibus et græce, et latine perlegimus, et utriusque linguæ Lexicon, necnon et elegantissimam Theodori grammaticam curavimus imprimendam. Et quoniam non ita omnibus græcarum cupidis literarum multum in illis perdiscendis temporis consumere datum est, quod vobis semper cordi fuisse cognoram, et usui pariter et honori sperabam fore tabellas hasce, fidelissimos literarum græcarum veluti traduces, quas in fœlicissima, et doctorum virorum optima parente Aurelia excogitaram, succisivis horis recognovi, ad normamque Theodoreæ grammatice, quam vobis enarraturi sumus, redegi, et multo quam antea nitidiores, et utiliores vobis primum, deinde et per vos aliis tradidi publicandas. Debeant igitur Lutetiæ par est quicumque ubiubi terrarum per has nostras tabulas proficient, cujus videndæ gratia, et variarum linguarum doctrina, pro virili mea condecorandæ per tot tamque difficilia viarum spatia huc me contuli. Debeant et Aurelie, ubi in Parrhisinæ pestis perturbatione, a clarissimis illius academiæ doctoribus jucunde, et honorifice habitus, vobisque servatus, hujuscemodi non, ut spero, pœnitendum munusculum, autore Deo, adinveni. Potueram, fateor, majoribus studiis plusquam mihi gloriæ comparaturis has horas impendere, sed privato commodo communem præferendam censui utilitatem. In quo si non strenue aliquid, certe non ignavius fuisse a nobis puto factum quam si, ne animum dum remitto, prorsus amitterem, dolium susque deque in cranio volutassem, aut lapillos et conchas in littore collegissem. Id autem opusculi quicquid est, ut a me benigno vobis animo datur, ita et vos lubenter suscipiatis velim mihi, clarissimi auditores. Itaque persuasum habeatis, nullum esse tam obtusi ingenii, tam diversæ professionis, tam natu grandem, tam multis denique negociis impeditum, quin possit per nostras tabulas brevi in græca literatura proficere, quod et ipsarum ordo et compendium, et ut facilius circumferantur, enchiridii forma unicuique facile et ostendere, et præstare potest. Valete.

INDEX ALPHABÉTIQUE

DES

PREMIÈRES ÉDITIONS GRECQUES PARISIENNES

(1507-1516).

ALEANDRO (G.), *Gnomologia* (nov.? 1512), XII	27
— *Lexique grec-latin* (13 déc. 1512), XIII.	28
Alphabet hébreu et grec (1510?), IX.	25
— — (1515?), XX.	35
BOLZANI (Urbano), *Grammaire* (vers 1514), XIX.	34
CHRYSOLORAS, *Grammaire*, éd. Fr. Tissard (1ᵉʳ déc. 1507), IV.	20
— éd. Fr. Vatable (13 juill. 1512), XI	27
— — (5 févr. 1516/7), XXV.	38
GAZA (Th.), *Grammaire*, livre I (vers 1512), XVI	32
— — livre I (1515?), XXII	36
— — livres I-IV (9 juin 1516), XXIII	36
Gnomologia. Voy. ALEANDRO, XII.	27
HÉSIODE, *Travaux et jours*, éd. Fr. Tissard (28 oct. 1507), III	19
HOMÈRE, *Batrachomyomachie*, éd. Fr. Tissard (18 sept. 1507), II	19

Isocrate, *Discours à Démonique* (éd. G. Aleandro, mai 1509?), VIII . 25
— *Discours à Nicoclès* (éd. G. Aleandro, mai 1509?), VII 24
Liber gnomagyricus. Voy. Tissard, I 17
Lucien, *Dialogues*, éd. Ch. Brachet (vers 1513), XVIII 33
— *Opuscules* (vers 1510), X 26
Musée, *Héro et Léandre* (1515?), XXI 35
Plutarque, *Opuscules*, éd. G. Aleandro (30 avril 1509), VI 23
— — éd. G. Aleandro (vers 1512), XV 32
Sentences des philosophes, etc., éd. G. Aleandro (22 déc. 1512), XIV . 31
Sentences des sept sages, éd. J. Musurus (avant 1517), XXIV 37
Théocrite, *Idylles*, éd. C.-H. Descousu (1513), XVII 33
Tissard (Fr.), *Grammaire hébraïque* (29 janv. 1508/9), V 21
— *Liber gnomagyricus* (12 août 1507), I 17
Urbanus Bellunensis. Voy. Bolzani, XIX 34

PRÉFACES

DES PREMIÈRES ÉDITIONS GRECQUES PARISIENNES

REPRODUITES EN APPENDICE.

Préface et Postface de Fr. Tissard au *Liber gnomagyricus* (12 août 1507) 39
Préface de Fr. Tissard à la *Batrachomyomachie* (18 sept. 1507). . . 45
Préface de Fr. Tissard à l'édition d'*Hésiode* (28 octobre 1507) . . . 47
Préface de Fr. Tissard à la *Grammaire de Chrysoloras* (1ᵉʳ déc. 1507). 48
Préface, etc. de Fr. Tissard à sa *Grammaire hébraïque* (29 janvier 1508/9). 51
Préface de G. Aleandro aux *Opuscules de Plutarque* (30 avril 1509). 54
Préface de Fr. Vatable à la *Grammaire de Chrysoloras* (13 juill. 1512). 57
Préface de G. Aleandro à son *Lexique grec-latin* (13 déc. 1512). . . 59
Préface de C.-H. Descousu aux *Idylles de Théocrite* (1513) 61
Préface de Ch. Brachet aux *Dialogues de Lucien* (vers 1513) 61
Préface d'Othmar Nachtgall aux *Dialogues de Lucien* (Strasbourg, 1515) 63
Préface de J. Musurus aux *Sentences des sept sages* (avant 1517) . . 63

Préface de Fr. Tissard à sa traduction latine d'*Euripide* (1ᵉʳ avril 1508). 64
Lettre de G. Aleandro à Alde Manuce (23 juillet 1508) 68
Préface de G. Aleandro à sa *Grammaire grecque* (1515?) 70

Nogent-le-Rotrou, imprimerie Daupeley-Gouverneur.

Monsr.

TRAITÉ POUR L'ÉDITION

DE L'ORIENS CHRISTIANUS

DU P. LE QUIEN

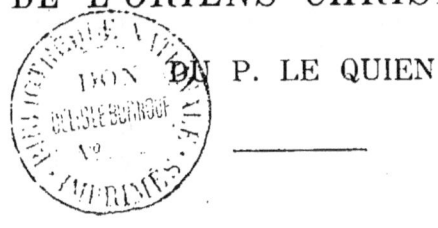

Dès 1722, le P. Le Quien avait songé à publier son *Oriens christianus*, qui ne devait paraître que dix-huit ans plus tard [1], et après sa mort, à l'Imprimerie royale, en 1740. Il avait à cet effet signé, avec le libraire parisien Nicolas Simart, un traité dont le texte nous a été conservé, au milieu de papiers les plus divers, dans le manuscrit français 9457, fol. 251, de la Bibliothèque nationale.

H. O.

Nous soussignez sommes convenus de ce qui suit, sçavoir :

1° Que moi F. Michel Le Quien, religieux de l'ordre des Frères Prêcheurs, promets et m'oblige de fournir au Sr Nicolas Simart, libraire à Paris, la copie de l'ouvrage intitulé *Oriens christianus*, avec tous les desseins des cartes géographiques qui doivent y entrer ;

2° Que moi Nicolas Simart promets et m'oblige d'imprimer par souscriptions ledit ouvrage in-folio, de caractère de St Augustin, et de faire graver les cartes nécessaires pour l'intelligence dudit livre ;

3° Que, par forme de présent, je fournirai audit R. Père quatre vingts exemplaires en blanc dudit ouvrage, aussitôt

---

1. Voy. le début de la préface de l'*Oriens christianus*.

que l'impression en sera finie, avant d'en exposer aucun en vente;

4° Que moi Nicolas Simart commencerai ladite impression si-tôt que j'aurai trois cents souscriptions remplies, et ne discontinuerai point que l'ouvrage ne soit achevé d'imprimer, et ferai la diligence nécessaire pour en donner un volume en un an;

5° Que ledit Révérend Père étant obligé de faire des frais pour les éclaircissements qu'il demande aux sçavants des différentes nations, et de se faire aider pour la revision des épreuves, moi Simart m'oblige de payer la somme de trois cents livres de pension par an, exigible depuis que ledit ouvrage sera sous presse jusqu'à son entière exécution;

6° Que moi Simart, m'engage de donner par présent pour la valeur de cent écus de livres à la bibliothèque du convent de Saint-Honoré, où loge ledit Révérend Père, et ce lorsque l'ouvrage sera entièrement achevé;

7° Que ledit Révérend Père dédiera ledit ouvrage à qui il voudra, et que, si ledit Révérend Père fait graver à ses frais le portrait de la personne à qui l'ouvrage sera dédié, ledit Sr Simart payera le tirage et le papier;

8° Que ledit sieur Simart donnera audit Révérend Père, dans le nombre de quatre-vingts exemplaires ci-dessus mentionnez, douze exemplaires reliez, dont un en maroquin avec les armes de la personne à qui l'ouvrage sera dédié.

Fait double entre nous, à Paris, ce vingt-sept février mil sept cent vingt-deux.

Fr. Mich. LE QUIEN,

N. SIMART.

[Extrait de la *Revue de l'Orient latin*, t. II (1894), n° 2.]

www.ingramcontent.com/pod-product-compliance
Lightning Source LLC
LaVergne TN
LVHW050622090426
835512LV00008B/1622